brave brave brave brave brave brave brave
brave brave brave brave brave brave brave
brave brave brave brave brave brave brave
brave brave brave brave brave brave brave
brave brave brave brave brave brave brave
brave brave brave brave brave brave brave
brave brave brave brave brave brave brave
brave brave brave brave brave brave brave
brave brave brave brave brave brave brave
brave brave brave brave brave brave brave
brave brave brave brave brave brave brave
brave brave brave brave brave brave brave
brave brave brave brave brave brave brave
brave brave brave brave brave brave brave
brave brave brave brave brave brave brave
brave brave brave brave brave brave brave
brave brave brave brave brave brave brave

DE _____

PARA _____

DÍA _____

Valentía
en solo
100 DÍAS

Devocionales para descubrir
la parte de tu ser más valiente

ANNIE F. DOWNS

GRUPO NELSON
Desde 1798

NASHVILLE   MÉXICO DF.   RÍO DE JANEIRO

Editora en Jefe: *Graciela Lelli*
Traducción: *Belmonte Traductores.com*
Director de Arte: *Adam Hill*
Adaptación del diseño al español: *Grupo Nivel Uno, Inc.*

ISBN: 978-1-40021-825-7

Impreso en Estados Unidos de América

19 20 21 22 23 LSC 8 7 6 5 4 3 2 1

Índice

Introducción

Querida amiga,

Que estés aquí me dice mucho. Dice que estás sintiendo lo que yo siento a veces: como si hubiera algo más que esto. Tu «esto» puede verse distinto a mi «esto», pero es igualmente verdadero.

Así que realmente me alegra que estés aquí; y espero que te quedes durante todo el camino hasta el final porque aquí hay algo para ti. Al menos, es una invitación a perseguir una vida que podría requerir un poco más de valentía, pero que sin duda ofrecerá más gozo y más que «esto». A lo sumo, todo cambia. Y eso puede ser bastante asombroso.

Espero que tengas un diario, o que compres un diario, para llevar a tu lado en esta historia diaria que estás escribiendo sobre tu vida. Estos 100 días son especiales para mí, y espero que también lo sean para ti. He reunido algunas de mis ideas favoritas sobre valentía y las he mezclado con muchas otras nuevas que Dios, la vida y las personas me han enseñado durante los últimos años. Y creo que juntamente con lo que Dios esté haciendo ya en tu vida, este podría ser un viaje realmente interesante para ti.

Sé que en realidad no estoy ahí a tu lado, pero en mi corazón tengo la sensación de sí estar. Piensa en mí como la amiga que está enfrente de ti en la mesa de la cafetería local, ahí para charlar, y procesar, y pensar contigo a medida que recorres este camino hacia tu yo más valiente. Estoy vitoreando por ti.

Con cariño,

VALENTÍA SUFICIENTE PARA COMENZAR

*Fuiste creada para
ser valiente.*

Día uno

¿QUÉ ES VALENTÍA?

Porque yo soy el SEÑOR, tu Dios, que sostiene tu mano derecha; yo soy quien te dice: «No temas, yo te ayudaré».

—ISAÍAS 41.13

Valentía. ¿Qué es eso? La verdad es que no hay fórmula y no hay reglas. Está la Biblia, nuestra guía para todas las cosas, pero aparte de ella, ser valiente es algo orgánico y espiritual, y un viaje único para cada persona.

No estaré diciendo: «Esto es exactamente la valentía» o «Si quieres arriesgar de verdad de un modo que impacte a las personas que te rodean, haz concretamente estas cosas». No creo que eso funcione. No creo que necesites que yo te diga qué hacer. Creo que ya lo sabes. (O si no, lo sabrás). Creo que tan solo necesitas un poco de calentamiento antes del partido. Una cosita para animarte por el camino. Un entendimiento del mapa que tienes entre tus manos.

Durante los siguientes 100 días, quiero mostrarte que eres más valiente de lo que crees, y con ese conocimiento en tu bolsillo trasero, puedes cambiar tu mundo.

Valentía es hacer cosas incluso cuando tienes miedo. Ser valiente no es algo que sucede cuando ya no tienes miedo. Los valientes no dejan de oír los susurros del miedo.

Oyen los susurros, pero no se detienen.

Ser valiente es oír la voz del temor en tu cabeza, pero decir: «De acuerdo, pero la verdad es que Dios me hizo con un propósito y para un propósito».

Puedo decirte que mis momentos de mayor temor, esas veces en las que estaba segura de que iba a sucumbir bajo la presión de todo, también han sido las puertas abiertas para los mayores cambios en mi vida. Así que me lanzo llena de temor, pero confiando que Dios está al otro lado de formas nuevas y maravillosas. ¿Y hasta ahora? Él siempre lo está.

Él también estará ahí para ti.

> *Los valientes no dejan de oír los susurros del miedo. Oyen los susurros, pero no se detienen.*

SÉ VALIENTE: *Dile a una persona (una amiga, tu cónyuge, una compañera de trabajo, una mentora) que has comenzado este viaje de 100 días hacia una vida más valiente.*

Día dos

>>>>————►

¿POR QUÉ SER VALIENTE?

Al contrario, tú también, con el poder de Dios, debes soportar sufrimientos por el evangelio. Pues Dios nos salvó y nos
llamó a una vida santa, no por nuestras propias obras, sino
por su propia determinación y gracia. Nos concedió este
favor en Cristo Jesús antes del comienzo del tiempo.

—2 TIMOTEO 1.8-9

Tuve que viajar a Honolulu, Hawái, para hablar en una conferencia.
Una tarde entré en la cafetería Starbucks Kailua para escribir un
rato y no vi ninguna mesa vacía. Realmente no tenía un plan B
para dónde escribir, así que de todos modos me puse en la fila a esperar mi café.

Quedó una mesa vacía entre una pareja vacacionista y tres ado-
rables y bronceados surfistas. Los surfistas estaban hablando sobre
sus matrimonios, así que me desconecté de ellos porque, ya sabes, ya
tenían esposas.

Comencé a sacar mis cosas, y solo porque estaba cerca (todas las
mesas estaban muy juntas), no pude evitar escuchar su conversación y
les oí hablar sobre la verdad absoluta y que Dios es lo único absoluto, y
de repente me di cuenta de que estaba viendo a dos de ellos compartir
sus historias de Jesús con el tercero.

Mi corazón se aceleró. Esa conversación requiere valentía. Compartir tu historia requiere valor.

Lo sé. Quizá crees que estoy dramatizando, pero escucha. ¿Ese tipo? ¿Escuchar cómo Jesús es la respuesta? Su vida es distinta y su futuro quedó alterado para siempre porque aquellos dos surfistas tuvieron la valentía suficiente para decir las cosas sobre Jesús que sabían que eran verdad.

Ver a otras personas ser valientes me hace querer ser valiente a mí también. Es un efecto dominó.

Lo sentí dentro de mí mientras los escuchaba: el querer compartir mi historia. Por eso verás a personas adultas racionales tirándose por un tobogán de agua aunque no quieran, porque quieren enseñar a sus hijos que no da miedo.

> *Ver a otras personas ser valientes me hace querer ser valiente a mí también.*

Por eso tenemos que comenzar. Por eso tenemos que ir primero. Por eso tenemos que ser valientes, para que otros sean inspirados a ser valientes junto con nosotras.

Podemos ser valientes porque fuimos creadas para ser valientes.

Da miedo ser aquello para lo que fuiste creada. No parece fácil porque no lo es, pero fuimos creadas para esto. Como dice el versículo de hoy, nos llamó a una vida santa. ¿Por qué ser valientes? Porque cuando somos lo suficientemente valientes para compartir las historias de Dios en nuestra vida, eso cambia a las personas que nos rodean. Nos cambia a nosotras para compartirles a ellos.

SÉ VALIENTE: *Piensa en tu día. ¿Dónde puedes ver a Dios obrando a favor tuyo? ¿O solo mostrándose en tu vida? Díselo a alguien.*

Día Tres

>>>>———

ERES MÁS VALIENTE
DE LO QUE CREES

Ya sea que te desvíes a la derecha o a la izquierda, tus oídos percibirán a tus espaldas una voz que te dirá: «Este es el camino; síguelo».

—Isaías 30.21

En octubre de 2007 comencé a sentirme un tanto intranquila en mi espíritu. Es la mejor forma que se me ocurre para describirlo.

Tras semanas con ese extraño sentimiento, sentía que tenía que orar de verdad y pedirle a Dios que me dirigiera. Sentía que tenía que hacer algún cambio, pero no sabía qué cambio era.

Así que le pregunté a Dios. Y mi corazón seguía oyendo que era el momento de una mudanza. A Nashville. Y tras unos meses de lucha, lo hice.

Lloré durante todo el viaje. Tres horas y media. Ahora bien, sé que no me iba a una ciudad al otro lado del mundo (todavía), pero esta muchacha de Georgia se estaba alejando de su casa más de lo que había imaginado nunca.

Amiga, tienes que saber esto. Yo nunca me *sentí* valiente. Nunca tuve un momento de valentía extrema o de creer que esa iba a ser la mejor decisión que había tomado en mi vida. Tan solo hice lo siguiente que tenía que hacer. Dejé mi trabajo. Vendí mi casa. Empaqué mis cosas. Me dirigí hacia el norte hasta que crucé la frontera del estado y no me detuve hasta que vi el distintivo de la silueta de Nashville: el edificio Batman.

No te aburriré con historias de lo que lloré y rechiné los dientes durante las primeras semanas (bueno, está bien, meses) después de la mudanza, pero fue terrible. Doloroso. Me sentía sola.

¿Puedo decir esto otra vez? *Nunca me sentí valiente.* Pero día a día, hacía lo siguiente que tenía que hacer, daba el siguiente paso, decía el siguiente sí. Y Dios construyó una vida para mí en Nashville que no podría haber diseñado por mí misma. Quizá no me sentía valiente, pero estaba dando pasos de valentía en obediencia a Dios.

Si tú y yo nos sentamos y me cuentas tu historia, podría enseñarte momentos en los que tomaste decisiones valientes, incluso aunque tú no las consideres así. Probablemente ya estás haciendo más de lo que entiendes. Eres más valiente de lo que crees.

> *Nunca me sentí valiente. Pero día a día, hacía lo siguiente que tenía que hacer, daba el siguiente paso, decía el siguiente sí.*

SÉ VALIENTE: *Piensa en tu vida. Escribe dos o tres momentos en los que tú u otra persona podría considerarlos como «valientes».*

Día cuatro

>>>>————→

BUSCA LA VALENTÍA

Los gobernantes, al ver la osadía con que hablaban Pedro y Juan, y al darse cuenta de que eran gente sin estudios ni preparación, quedaron asombrados y reconocieron que habían estado con Jesús.

—Hechos 4.13

Todos los días escucho una historia tras otra sobre valentía. (No es un mal trabajo, para decirte la verdad).

Muchas personas lindas me mandan correos electrónicos, mensajes, y me etiquetan en el Internet compartiendo sus valientes historias. Y al viajar por todo el país y hablar a grupos, no te imaginas cuántas historias de valentía llego a escuchar.

Y pienso todas las veces: *Caramba, ¡me encantaría que todos escucharan esto!*

Hay algo súper poderoso en mostrar la valentía en tu vida, en las vidas de la gente que amas, en el arte que ves, lees o escuchas. Cuando vemos valentía en el mundo, nos inspira, ¿no es cierto? Creo que es la razón por la que no solo necesitamos compartir nuestra valentía, sino también buscarla de manera activa. Sé que tienes amigas, como yo, que están siendo más valientes de lo que pensaban que podrían ser en su vida cotidiana.

¿Ves la valentía cuando miras a tu vida? ¿Tanto en el rostro que ves en el espejo como en los rostros que ves cuando te juntas con tu gente?

¿Quién está mostrando valentía? ¿Alguien que está sufriendo una enfermedad? ¿Que está actuando a pesar del temor? ¿Persiguiendo un sueño?

¿Dónde ves momentos de valentía en tu familia? ¿En tu propia vida? ¿En tus amigos? ¿Estás leyendo algo que parece valiente? ¿Has visto una película que te recordó algo valiente? La valentía está en las artes todo el tiempo. (Y no me refiero *solo* a *Braveheart*, aunque me encanta Escocia y esa película me parece inspiradora de muchas maneras). A veces incluso busco películas o libros en base a un tema con el que estoy lidiando. Muy recientemente, cuando comencé a desarrollar una nueva relación con un hombre en otra ciudad, leí un libro sobre un pareja que sobrevivió a una relación a distancia. Yo necesitaba su valentía para acordarme también de ser valiente. (Incluso aunque eran de ficción y, alerta de *spoiler*, mi relación terminó).

Cuando vemos valentía en el mundo, nos inspira, ¿no es cierto?

Creo que cuando escuchas otras historias, te suenan a tu historia, y te das cuenta de que eres más valiente de lo que pensabas. Y nos animaremos la una a la otra y veremos valentía en la otra, y todas seremos más valientes por ello.

SÉ VALIENTE: *Cuando veas valentía, dilo.*

Día cinco

>>>>————►

TAN SOLO COMIENZA

Anda, pues —dijo Saúl—, y que el Señor te acompañe.

—1 Samuel 17.37

C reo que lo más difícil de la escritura es la página en blanco. O la pantalla de la computadora. Se dice que ser escritor es tener deberes todos los días durante el resto de tu vida. Te acuerdas de ese sentimiento, ¿verdad? Cuando tienes que escribir un trabajo o una tarea que entregar y sabes que puedes hacerlo ¡si comienzas!

Es muy difícil comenzar, ya sea escribir un libro, entrenar para correr 5 kilómetros o cualquier otro sueño que puedas tener. Comenzar el viaje hacia eso, no sé qué es en tu caso, no es un viaje *hacia* la valentía. En el momento en que das ese primer paso, el momento en que comienzas, unas semillitas de valentía, las que creo que ya están plantadas ahí ahora mismo, comienzan a brotar en tu corazón. No te dispones a encontrar la valentía. Ya está en ti, está floreciendo, y está contigo cuando viajas y dices sí a cosas que parecen dar miedo.

Esas semillitas de valentía han estado creciendo en tu corazón durante semanas, quizá años. Después, en algún momento, tu corazón comenzó a latir a un ritmo diferente, y ahora aquí estás, lista para dar el primer paso valiente.

Solo tienes que comenzar, amiga. ¿Eso que susurra en tu interior? Quizá en tu caso es escribir una nota. Cantar una canción. Hacer una llamada telefónica. Tener una conversación. Componer una historia. Enviar un cheque. Apuntarte a ese viaje. Enviar un correo electrónico. Tener una cita. Leer un libro. Matricularte.

En el momento en que das ese primer paso, unas semillitas de valentía, comienzan a brotar en tu corazón.

Estoy intentando enumerar todas las opciones posibles, pero tú sabes mejor que yo lo que Dios está haciendo en tu vida. Es tiempo de acallarte delante del Señor y preguntarle cómo sería para ti vivir una vida de valentía *hoy.*

Tan solo comienza.

SÉ VALIENTE: *¿Qué sería para ti dar un paso de valentía hoy que te ayude a comenzar?*

VALENTÍA SUFICIENTE PARA SER TÚ MISMA

El planeta solo necesita
realmente que seas tú misma,
¿de acuerdo?

Día seis

>>>>———

LAS MENTIRAS
QUE TE CREES

—Podemos comer del fruto de todos los árboles —respondió la mujer—. Pero, en cuanto al fruto del árbol que está en medio del jardín, Dios nos ha dicho: «No coman de ese árbol, ni lo toquen; de lo contrario, morirán». Pero la serpiente le dijo a la mujer: —¡No es cierto, no van a morir!

—GÉNESIS 3.2-4

Eva fue la primera mujer engañada con palabras, pero no la última. Dios había dicho una cosa, y Satanás dijo otra... y Eva se creyó las mentiras de Satanás.

El pecado y la vergüenza entraron en nuestro mundo, y Jesús pagó por ello con su vida. Verás, tu lucha por separar la verdad de las mentiras es algo con lo que todo ser humano lidia. Es difícil creer la verdad si tu mente está llena de confusión y falsas historias. Y Satanás es el que siempre intenta matar, robar y destruir (Juan 10.10).

Satanás es un mentiroso. Sé que tú lo sabes, pero quiero decirlo de nuevo: *es un mentiroso*. Él quiere definirte, etiquetarte e impedir que seas valiente y hagas la obra que Dios tiene para ti.

Cuando Satanás te miente (por ejemplo: «Tienes cero talento»), comienzas a dar vueltas a ese pensamiento en tu cabeza: *Ella es mejor en este trabajo que yo. Definitivamente soy la más torpe de esta oficina.*

Enseguida, las mentiras que te dices a ti misma te llevan a mentiras acerca de otras personas («¿Has conocido ya al nuevo gerente de la oficina? No parece muy inteligente, fue él quien...») porque estás ofendida e insegura. Oyes una mentira, la tratas como si fuera verdad, y comienza a definirte como si fuera una etiqueta. Y después actúas en base a esa etiqueta.

> *Es difícil creer la verdad si tu mente está llena de confusión y falsas historias.*

Es un círculo vicioso que solo se puede tratar con una buena dosis de verdad, de lo auténtico. Por eso me encanta la Biblia. En su Palabra, Dios ya te ha dado todas las etiquetas que necesitas, y así es como aprendemos a tratarnos a nosotros y a los demás.

Amiga, es tiempo de dejar de escuchar las mentiras y etiquetas de Satanás para que puedas oír la verdad.

SÉ VALIENTE: *Lee la historia de David y Goliat (1 Samuel 17). ¿Cuáles son algunas etiquetas que otras personas le pusieron a David? ¿Cuáles eran realmente ciertas?*

Día siete

>>> ———

LA VERDAD QUE
TE HACE LIBRE

Jesús le respondió: —Escrito está: «No solo de pan vive el hombre, sino de toda palabra que sale de la boca de Dios».

—MATEO 4.4

Hay mucho que decir de la historia de la tentación de Jesús en el desierto, muchos temas de los que podríamos hablar, de la provisión de Dios, el poder de las Escrituras, la tentación. Pero cuando pensamos en ser valientes, esta historia es otro ejemplo de la verdad contra las mentiras y cómo creer la verdad produce valentía.

Jesús se vio (cara a cara) con la tentación de Satanás. El enemigo. Pero Jesús hizo frente a las mentiras y declaró la verdad en la situación. Jesús conocía la verdad, y la *creía*. Cada vez que Satanás le ofreció algo a Jesús, Él respondió con un versículo. Jesús le recordó vez tras vez a Satanás cómo es realmente esta historia.

La verdad que te hace libre es la Palabra de Dios. Si llenas tu mente de sus palabras, la verdad te hará valiente. Página tras página, versículo tras versículo, Dios ya te ha dicho quién eres. Eres libre para creer que eres quien Dios dice que eres, que la Biblia es verdad, que a pesar de todo, Dios te ama profundamente. ¿Serás lo suficientemente valiente para creerle a Él?

Creer la verdad siempre es una decisión. En cada situación, en cada conversación, y en cada momento en el que comienzas a criticarte, tienes la opción de luchar por la verdad o ceder ante las mentiras.

Hay mucho poder cuando comienzas a entender que eres quien Dios dice que eres, no quien otras personas dicen que eres o quien tú crees que eres.

Déjame hablarte de creer en la verdad y cómo eso cambió mi vida. Soy libre. Puedo vivir, y hablar y amar abiertamente porque creo que soy quien Dios dice que soy. Mis inseguridades están más calladas (no se han ido, pero están más calladas), mis preocupaciones son más ligeras (no que no pesen, sino que pesan menos), y mi corazón está más lleno porque sé lo que Dios siente por mí.

> *Creer la verdad siempre es una decisión.*

Sé valiente: *Copia esta oración en tu diario (o escribe la tuya propia): Dios, dime la verdad de quién soy. Te escucho. Quiero ser libre de las mentiras, haz eso por mí. Rescátame. Dame la verdad como una catarata.*

Día ocho

>>>>————————➤

NO ERES UN ERROR

¡Te alabo porque soy una creación admirable! ¡Tus obras son
maravillosas, y esto lo sé muy bien!

—SALMOS 139.14

M e gusta cuando los anuncios de televisión nos recuerdan que
creamos en nosotras y tengamos la seguridad de que podemos hacer todo lo que nos propongamos. Seguro que has visto
algunos de los que me refiero, como el de una estrella de la NBC que
se sienta de forma extraña en el brazo de un sofá y dice a la cámara:
«¿Sabes que puedes llegar a cumplir tus sueños? Cree en ti». Y después
suena la musiquita «ding ding ding ding» a medida que una estrella
cruza la pantalla. Cuanto más sepas, gente. Cuanto más sepas.

Esto es algo que sé: yo no debería creer en mí misma, al menos no
de la manera en que esos anuncios me dicen que debería hacerlo. He
estado conmigo el tiempo suficiente para saber que no soy alguien en
quien poder creer. Meto la pata. Hiero los sentimientos de otras personas. Me preocupo demasiado por algunas cosas y no lo suficiente
por otras.

Me pierdo. No soy perfecta. Y no quiero poner mi esperanza
o confianza en alguien con errores como yo. Así que aunque estoy

agradecida por lo que dicen los anuncios de televisión, no creo que sea totalmente cierto.

Yo creo en el yo que Dios creó y en el yo que Dios puede hacer. Creo que Él me creó con propósito y no cometió ningún error en cuanto a mi creación. Eso me hace sentir valiente.

Y ese es el lugar donde encuentro valentía: saber que aunque cometo errores, no soy un error. Ahí es donde tú también puedes encontrar valentía.

Aunque cometo errores, no soy un error.

Quizá tus padres nunca se casaron, quizá naciste sin la capacidad de ver u oír, o quizá te falta un miembro. Sea lo que sea, no eres un error. Dios no comete errores.

Conozco mis inclinaciones y temores, y también conozco mis dones y esperanzas. Es donde ambos se encuentran donde a menudo descubro que Dios me vitorea para que tome decisiones valientes.

Podemos tener confianza en cómo Dios nos creó porque su Palabra dice que fuimos creadas de manera admirable, pero no podemos hacer frente a esta vida, o ser valientes, nosotras solas.

Sé valiente: *Recuérdale a alguien que quieres, una amiga, compañera, hijo, cónyuge, que Dios no comete errores.*

Día nueve

TU CORAZÓN

Pero tú, SEÑOR, eres Dios clemente y compasivo, lento para la ira, y grande en amor y verdad.

—SALMOS 86.15

A Dios le encanta amarte. Me gusta pensar que cada vez que respiro, y cada vez que mis pulmones bombean sangre a mi corazón, Dios tiene otra cosa bonita que decirme. Él es así de bueno haciendo eso. Nuestro Dios, el que sopla vida en tu vida, está lleno de amor por ti, al margen de lo que hayas hecho o dónde hayas estado. Para alguien como yo, que soy bastante buena metiendo la pata y sintiéndome culpable, es muy, muy bueno saber que no puedo hacer que Dios me ame ni más ni menos.

Piensa que a los ojos de Dios, a través de Jesús, tú eres santa, escogida, muy amada… *vaya*. Eso acalla mis temores, los que me susurran que estoy sola, que no se me puede amar, que no soy digna, y me hace sentir que soy valiente.

Permite que Dios entre en tu corazón. Déjale llegar a esos pequeños lugares dentro de tu corazón en los que estás herida y sola y tienes miedo. Déjale amarte, guiarte y hacer de ti la persona valiente que Él ha planeado, porque te prometo que esa aventura será la mayor de tu vida.

Dios me amó cuando yo era un ser total y plenamente desagradable. En mi pozo más profundo de pecado, en la esquina más lejana de mi rebeldía, en el momento más furioso de mi odio, Él escogió amarme. Y yo era conocida por ser de muy baja calidad. Por desgracia, probablemente continuaré siendo de baja calidad a veces. Sin embargo Él me ama, cada parte de mi ser. No lo puedo merecer, no lo merezco, y no obstante me ahogo en ello.

Así que hago lo poquito que puedo por amarlo a Él, y tú también puedes hacer lo mismo. ¿Cómo hacerlo? Bueno, es algo así como tomar en tu vida pequeñas decisiones valientes que honren a Dios como respuesta a su amor.

Nuestro Dios, el que sopla vida en tu vida, está lleno de amor por ti, sin importar nada.

¿Te ha dado Dios una pasión por algo que no has sido lo suficientemente valiente para perseguir? ¿Te apasiona cantar? Cántale una canción a Dios. ¿Te apasiona escribir? Escribe un libro sobre tu amor por Dios. ¿Te encanta bailar? ¿Dibujar? ¿Hacer deporte? ¿Cuidar de los huérfanos o los ancianos? Sea lo que sea, acepta el hecho de que Dios te ha amado y escogido, y da el paso valiente de usar esas pasiones para amar a Dios como respuesta.

Sé valiente: *¿Cómo ves que tu corazón responde al amor de Dios?*

Día diez

TUS PIES

El que dice que permanece en él, debe andar como él anduvo.

—1 Juan 2.6, rvr60

*D*e algún modo me gustan mis pies. A diferencia de los alargados dedos de mis manos, los dedos de mis pies tienen una forma bastante buena. Me gusta hacerme la pedicura, y de hecho, he estado pensando en qué color me gustaría usar, y estoy considerando seriamente un color amarillo brillante.

Lo he querido desde hace un tiempo, pero la presión en contra de mis amigas me ha quitado la idea las últimas veces, ya que me animan a usar otros tonos, como varios rosas. Pero no puedo resistir más la urgencia del amarillo, y estoy decidiendo verlo como una opción de color valiente, ¿está bien?

Cuando era niña, solía llevar siempre zapatillas de deporte. Como jugadora de fútbol y marimacho que era, siempre las escogía. Las zapatillas de deporte son una opción segura, siempre están en su sitio (no como las chanclas que se mueven para un lado y para otro), son cómodas (a diferencia de la mayoría de los tacones altos), y duran bastante. De hecho, ahora que lo pienso, me siguen gustando.

Las zapatillas de deporte nos permiten hacer cosas maravillosas con nuestros pies, pero una de las formas más seguras de glorificar a Dios con tus pies es guiar. Guiar a otras personas hacia una vida abundante y hacia una relación con un Dios real. Alejar a la gente del pecado y de las decisiones que producen dolor. Guiar a la gente con tu manera de vivir.

Para muchos, guiar algo o a alguien es aterrador. Para otros, es algo natural, como lo máximo. Pero al margen de cómo seas, usar tus pies para guiar a la gente es algo que exige valentía.

Una de las formas más seguras de glorificar a Dios con tus pies es guiar.

A la larga, tienes que recordar una cosa: ya sea que lleves pintauñas amarillo brillante, ayudes a una vecina anciana a cortar su césped o laves la ropa de niños de la calle en India, fuiste creada para andar como Jesús anduvo. Para servir. Por el gran amor que Dios nos tiene, podemos amar y guiar a otros. Y no tenemos que tener miedo. Podemos ser valientes.

Así que usa esos pies para empezar a caminar y a hablar. Sé valiente y deja que tus pies te lleven por el camino que Dios tiene para ti.

SÉ VALIENTE: *¿Cuáles son esos lugares en los que ya estás guiando? Dale gracias a Dios por ellos, y pídele incluso más oportunidades.*

Día once

TU MENTE

No imiten las conductas ni las costumbres de este mundo,
más bien dejen que Dios los transforme en personas nuevas
al cambiarles la manera de pensar. Entonces aprenderán a
conocer la voluntad de Dios para ustedes, la cual es buena,
agradable y perfecta.

—ROMANOS 12.2, NTV

*¿Q*ué tienes en mente ahora mismo? Estos son los pensamientos que tengo en mente en este mismo instante (porque estoy segura de que estás al borde de tu silla expectante): *Un tipo al que se supone que debo conocer acaba de entrar en la cafetería. Este café con leche definitivamente no es el mejor que he probado. ¿Por qué no funciona el Wi-fi? Ese tipo tiene mucho pelo en la barba. Un montón.*

Todo el cuerpo depende del trabajo de la mente. El cerebro es el órgano principal. Te pueden trasplantar el corazón, una pierna o un brazo, incluso un pulmón, pero no hay sustituto para el cerebro que Dios te ha dado. Tu mente es solamente tuya.

Nuestras imaginaciones son asombrosas. Tan solo piensa: cada libro, programa de televisión, película, canción, pieza de mobiliario, diseño callejero, par de chanclas, todo, fue en un principio una idea.

Simplemente una idea en el cerebro de alguien. Y como tu cerebro es tan importante, todas tus ecuaciones matemáticas, citas famosas, canciones de la infancia y sentido de la moda están ahí metidas, y es vital que lo protejas.

Tu mente es un contenedor, pero es un contenedor frágil. Así que ser valiente significa tomar medidas para protegerlo. Las cosas lo llenarán, esa es la naturaleza de tu mente. Depende de ti decidir qué cosas llenarán ese contenedor.

Todo depende del trabajo de la mente.

¿Cuáles son los portales de tu mente? Tus ojos. Tus oídos. Esos son los lugares que tienes que proteger. Lo que oyes y lo que ves afectarán mucho tu cerebro (y tu corazón). Así que tener sabiduría cuando se trata de meter cosas es muy, muy importante.

Al mismo tiempo, tu mente puede hacer muchas cosas buenas por ti. Úsala bien, crea cosas bonitas; acompaña las buenas ideas; ama a la gente que llega a tu mente. Si Dios ha puesto la chispa de una idea en tu mente, puedes ser lo suficientemente valiente para seguirla. (Confía en esas chispas, amiga; confía en las chispas).

Nuestra mente es muy poderosa. Estoy orando para que le pidas a Dios que te dé su mente, la mente de Cristo. Y que seas lo suficientemente valiente para proteger tu mente, permitir que Dios cambie tu forma de pensar, y después cambiar este mundo con las ideas que se puedan convertir en realidad. (Esas chispas. ¡Cree en ellas!).

SÉ VALIENTE: *¿Cuál es ese pensamiento, esa chispa, esa idea en tu cabeza que crees que Dios puede haber puesto ahí? Escríbelo. (Y en algún momento, ¡haz algo con la chispa!)*

Día doce

>>>> ———➤

HABLA CONTIGO MISMA
AMABLEMENTE

En la lengua hay poder de vida y muerte; quienes la aman
comerán de su fruto.

—Proverbios 18.21

Esta mañana cuando vi que no me gustaba cómo me quedaban los pantalones vaqueros que me había puesto, me lo dije a mí misma. La antigua Annie habría seguido lanzando un aluvión de feos comentarios sobre mi aspecto, pero en lugar de eso, me miré al espejo y dije: «Bueno, ponte otros pantalones. No es la gran cosa». Y me los quité y me puse otros.

¿Ves cómo Proverbios 18.21 dice que todo lo que dices produce vida o muerte? Es tan cierto cuando te hablas a ti misma como cuando les hablas a otros. Al igual que con mis pantalones esta mañana, tengo que escoger palabras de vida en vez de palabras de muerte. Ese es el tipo de conversaciones que quiero tener conmigo misma, las que son veraces, amables y llenas de vida.

Amiga, deja de ser mala contigo. En serio. Si quieres ser la persona que haga las cosas valientes que Dios te está llamando a hacer, que hable vida y desarrolle cosas bonitas en otros con tus palabras, todo eso comienza con hacerlo contigo misma.

Lo que nos decimos es una gran parte de la vida de todas las personas. De manera constante y subconsciente tenemos pensamientos recorriendo nuestra mente que dirigen nuestros días. Tienes que escucharlos. ¿Los negativos? ¿Los que te despedazan y te hacen sentir desagradable y temerosa? Es el momento de tirarlos. Detente a ti misma, identifica la mentira, y en su lugar, di la verdad.

Hablarte amablemente te hará ser valiente.

Hablarte amablemente te hará ser valiente. Y si te cuesta encontrar razones para hablarte con amabilidad, recuerda: no es que te hayas merecido el amor de Dios o que merezcas amor. Dios nos ama, incluso cuando no lo merecemos (1 Juan 4.19).

No te has ganado este amor; es un regalo. No intentamos desechar las mentiras y creer la verdad y amarnos a nosotras mismas porque seamos perfectas. Lo hacemos porque, en nuestras imperfecciones, Dios nos ama profundamente y nos ha hecho como Él quiso.

Puedes hablarte con amabilidad porque Dios te ama profundamente porque eres suya. Háblate con amabilidad, como Jesús te habla con amabilidad. Esas palabras tienen poder, y si las crees, serás valiente.

SÉ VALIENTE: *Escribe una nota rápida y pon tres cosas de ti misma por las que estés agradecida. (En serio. Hazlo).*

Día Trece

>>>>———————————➤

QUE TE GUSTE LO
QUE TE GUSTA

Pues Dios no nos ha dado un espíritu de timidez, sino de
poder, de amor y de dominio propio.

—2 Timoteo 1.7

*D*e niña, desearía haber sabido que me podía gustar cualquier
cosa que me gustase.

Me encantaba tocar en la banda de la escuela. Siempre he
sido una gran fanática de la música. De hecho, aprendí yo sola a tocar
el piano usando un diminuto teclado de tres octavas y un himnario
que nos dio mi director de coral al final del tercer grado.

Así que cuando entré en la secundaria, de inmediato me uní a
la banda. Fue difícil decidirme entre la banda o la orquesta porque
no me decidía entre la trompa y el chelo. Aunque mi amiga y vecina
Grace se unió a la orquesta, yo me sentí más atraída hacia la trompa.
Y sí, me encantaba.

Cuando llegó el momento de entrar al instituto, sin embargo, lo
dejé porque pensaba que no era popular estar en la banda. Mi autoesti-
ma era tan baja que dejé todo lo que realmente me gustaba porque estaba esforzándome mucho para que me consideraran una chica popular.

Si hubiera sido lo suficientemente valiente para perseguir lo que me gustaba entonces, habría seguido tocando la trompa y probablemente lo hubiera disfrutado mucho. Quizá estaría tocando en la Sinfónica de Nashville ahora en vez de preguntarme si tan siquiera recuerdo cómo tocar ese instrumento. Pero pensé que era más importante lo de «ser popular» que hacer lo que me encantaba. Necesitaba tener la aprobación de los demás porque no tenía mi propia aprobación.

Pensé que era más importante lo de «ser popular» que hacer lo que me encantaba. Necesitaba tener la aprobación de los demás porque no tenía mi propia aprobación.

Desearía que hubiera sido solo un problema que tuve de niña, pero no es así. A veces aún tengo que confiar en la persona que quiero ser y lo que quiero hacer, aunque no sea popular.

¿Sabes lo que es la valentía? Darte permiso de hacer lo que quieres hacer, de que te guste lo que a *ti* te gusta.

Eso es lo que te deseo. Que a medida que crezcas en amarte cada vez más, te sientas lo suficientemente valiente para amar las cosas que te gustan en vez de cambiarlas porque piensas que eso es lo que hará que te acepten.

Dios te acepta. Y espero que tú también te aceptes.

SÉ VALIENTE: *Me encanta hacer listas. Así que hoy haz una lista de cinco cosas que realmente te gusta hacer: pasatiempos, músicos, comida, lugares, programas de televisión. Date permiso a ti misma para que realmente te guste lo que te gusta.*

Día catorce

>>>>————————→

DIOS TE CREÓ CON
UN PROPÓSITO

El Señor cumplirá en mí su propósito. Tu gran amor, Señor,
perdura para siempre; ¡no abandones la obra de tus manos!

—Salmos 138.8

Me gusta la idea de que Dios solo me creó una vez. Como los cuadros, hay algo especial en el primero. Mi primo Joe murió recientemente, pero durante toda mi vida él fue pintor. Un artista. Mi casa está llena de cuadros, dibujos e ilustraciones que él hizo solamente para mí. De hecho, uno de los cuadros que me regaló está colgado con mucho orgullo en mi salón. Es enorme y abstracto, morado y azul, y negro y raro. Me encanta. Hace unos años, le pregunté a Joe sobre la diferencia entre copiar arte en vez de pintar una pieza original.

La respuesta corta que me dio es que el original es trabajo, pero divertido. Cualquier copia, exacta o modificada, es aburrido, si no mecánico. Crear es tan solo resolver un problema, y una vez que resuelves el problema original, es como si pudieras entrenar a monos listos para hacer la réplica. (Vaya frase. «Monos listos». Caray, ¡cómo extraño a Joe!). La pregunta no es diferente a pedirle a un cocinero que cree la sopa de cebolla francesa más especial del mundo y, después de que haya tenido éxito haciéndola, seguir haciéndola todos los días.

Dios te creó una vez. Valió la pena el trabajo de crearte esa primera vez. Después, Dios tiró el molde porque con una persona como tú es suficiente para Él. Eres suficiente. Tú eres esa pintura sagrada, el original.

Dios nos creó así a propósito. No es un error que fuéramos creadas como somos. Pero ¿por qué? ¿Por qué Dios creó a los seres humanos, para empezar?

Lee Isaías 43.7: «Trae a todo el que sea llamado por *mi* nombre, al que *yo* he creado para *mi* gloria, al que *yo* hice y formé» (énfasis de la autora).

Dios nos creó para su gloria. Acompáñame en una pequeña lección del Antiguo Testamento. La palabra *crear* en el hebreo original es *bara*. Cuando se usa esta palabra, el único sujeto es Dios: Él hace todo el trabajo. Solo Él puede crear de esta forma. Nosotras podemos crear un cuadro o crear caos, pero como humanos, no podemos *bara*. Así que cuando Dios te hizo, hizo algo que solo Él puede hacer, y lo hizo para su gloria.

Esta corta lección de hebreo establece un punto. Miramos el lenguaje original del texto para ver, según las Escrituras, que fuimos creados por Dios de una forma especial para promoverlo a Él, glorificarlo y adorarlo.

Si cada una es tan única como la Biblia dice que somos, entonces nuestro llamado a ser valiente es igualmente único.

Pero, ¿qué tiene esto que ver con ser valiente?

Si cada una es tan única como la Biblia dice que somos, entonces nuestro llamado a ser valientes es igualmente único.

Cada una tiene que ser valiente a su propia manera. El cuadro de tu vida es una obra de arte que nunca será copiada, y hay un pincel de valentía para usar en este cuadro que cambiará todo para la gloria de Dios y para tu bien. Quizá quieres mudarte a otro país para vivir y compartir sobre Jesús. Mi amiga, eso es valentía. Realmente lo es. Pero también lo es ser una mamá que no trabaja fuera de casa. Y también lo es ser técnica industrial. También lo es ser escritora, o jugadora de béisbol, o cocinera. La valentía tiene distintos aspectos para cada una de nosotras.

Dios te creó de manera única, y con un propósito. Dios te ha llamado a ser valiente. Y Dios te equipará para que lo hagas.

SÉ VALIENTE: *En tu diario, o aquí en los márgenes, escribe algunos aspectos en los que tu vida es única. ¿Qué te gusta? ¿En qué te gusta emplear tu tiempo? ¿De qué formas ves tu vida como diferente a la de cualquier otra persona?*

VALENTÍA SUFICIENTE PARA CREER EN DIOS

Él es quien dice ser.

Lo prometo.

Día quince

>>>———

HAZ LAS PREGUNTAS DIFÍCILES

«Clama a mí y te responderé, y te daré a conocer cosas grandes y ocultas que tú no sabes».

—JEREMÍAS 33.3

l otoño en Escocia, mi otra casa, es hermoso y fresco, y los días se acortan en un abrir y cerrar de ojos, pero esas primeras horas de la tarde adquieren una tonalidad dorada que nunca antes he visto. Después del almuerzo un día a principios de octubre, me senté en el Starbucks al otro lado de la calle del Eric Liddell Centre solamente con mi diario, mi Biblia, una magdalena de melocotón y un té con leche de soja.

Me sentía llena de vida. Era como si cada cilindro interior estuviera encendido y yo fuera la mejor Annie. Comencé a escribir, preguntándome qué hacía que mi corazón viviera en un estado perpetuo de explosión pura y feliz.

Así que le hice a Dios una pregunta: ¿Qué es, *Dios, qué me hace sentir tan llena de vida?*

En ese entonces, esa no parecía una pregunta difícil, pero a veces tan solo abrir las líneas de comunicación con Dios permite que el Espíritu Santo te guíe a los lugares más difíciles.

Hice una lista de todas las cosas que eran ciertas en mi vida en ese momento. Estaba viviendo en Escocia, estaba soltera y estaba haciendo ministerio estudiantil.

Y calladamente en mi corazón, oí a Dios decir: *Puedes hacer ministerio estudiantil en cualquier lugar.*

Y lo supe. Me recliné en la silla, un poco asombrada, y dije en voz alta a nadie y a todos: «Vaya, me voy a casa». De regreso a Nashville.

A veces evitamos pedirle cosas a Dios porque tememos cuál será la respuesta, ya sea que le estemos preguntando por qué nuestra vida es tan buena, por qué nos ha puesto donde estamos ahora, dónde quiere Él que vayamos después, o por qué algo doloroso en nuestra vida sigue siendo aún tan doloroso. Sin embargo, cuando es Dios quien responde, no es algo a lo que tener miedo.

> *A veces evitamos pedirle cosas a Dios porque tememos cuál será la respuesta.*

Se necesita valentía para hacer las preguntas difíciles y escuchar las respuestas difíciles. Pero saber que Dios obra para tu bien y que sus respuestas son de confianza es un gran remedio para el temor.

No tengas miedo de preguntarle a Dios las cosas que realmente quieres saber. Puede que no recibas la respuesta que esperas, pero recibirás una respuesta. A veces quizá no sabes por qué. O no quieres en realidad saber por qué. O ni siquiera sabes lo que estás preguntando o a dónde te llevará su respuesta o de dónde te alejará.

De cualquier forma, puedes preguntar. Incluso cuando las cosas sean difíciles, siempre puedes preguntarle a Dios: ¿Cuál es tu plan para mí? ¿Qué se supone que debo aprender ahora mismo? Y Él te mostrará la respuesta. ¿Y esas respuestas, mi amiga? Son las respuestas que producen paz. Hazle a Dios las preguntas difíciles.

SÉ VALIENTE: *¿Cuál es esa pregunta que te ha dado miedo hacerle a Dios? Hazle la pregunta ahora mismo, en voz alta, y escucha su respuesta.*

Día dieciséis

>>>> ———

CREE QUE NUNCA ESTÁS SOLA

«Y les aseguro que estaré con ustedes siempre, hasta el fin del mundo».

—MATEO 28.20

Cuando Dios me hizo ver claro que quería que me mudara a Nashville, me aterré. Casi ni quería ir sola al baño, así que mucho menos mudarme a un nuevo *estado* sola. Vivir en un lugar distinto a Georgia me hacía sentir totalmente extranjera.

El día de Año Nuevo se lo dije a dos de mis mejores amigas, Haley y Molly. Nos sentamos en el piso del salón de Haley mientras les contaba la historia, y por fortuna estuvieron de mi lado, el lado que decía que mudarse era una idea loca y que sin duda yo misma lo había inventado. «Si lo que quieres es ser escritora», me dijo Haley, «¿no puedes serlo en Atlanta? Tiene que haber muchas escritoras por Atlanta». Durante unos veinte minutos hicimos una lluvia de ideas. Después nos detuvimos, y las lágrimas comenzaron a caer por nuestro rostro mientras nos dábamos cuenta de la verdad. Dios me estaba pidiendo que fuera más valiente de lo que nunca pensé que fuera posible, y eso iba a producirnos tristeza a todas. Yo estaba a punto de entrar voluntariamente en una etapa en la que me sentiría muy sola.

Luego llegó agosto, y de repente, estaba hecho. Lo que había estado en mi mente, mis oraciones y preocupaciones ya no era algo en el futuro. Estaba aquí. Yo estaba aquí.

Sin amigas. Sin iglesia. Sin familia. Sin idea de dónde encontrar la oficina de correos, el supermercado o el hospital. Sola.

O al menos, yo me *sentía* sola. Pero no lo estaba. ¿Sabes lo que significa *Emanuel*? Es uno de los nombres de Dios y significa «Dios con nosotros». Como Jesús pagó el precio de nuestro pecado, Dios siempre está con nosotros. Jesús dijo que estaría con nosotros hasta el fin del mundo.

> *Aunque te sientas sola, realmente no lo estás.*

¿Ves? Aunque te sientas sola, realmente no lo estás. Él siempre está contigo en toda circunstancia. Y eres lo suficientemente valiente para creer que lo que Él dijo es cierto. Él siempre está contigo. Créelo. Haz eso tan difícil que Dios te está guiando a hacer. Nunca estás sola.

SÉ VALIENTE: *Tan solo mírate en el espejo hoy y di esto para ti misma: «Amiga, nunca estás sola». (Yo lo hago mucho, es un buen recordatorio).*

Día diecisiete

>>>>———

AHONDA EN LA PALABRA POR TI MISMA

Toda la Escritura es inspirada por Dios y útil para enseñar, para reprender, para corregir y para instruir en la justicia, a fin de que el siervo de Dios esté enteramente capacitado para toda buena obra.

—2 Timoteo 3.16-17

Me hice cristiana cuando tenía cinco años, así que la Biblia siempre ha sido parte de mi vida de lectura. Estoy agradecida de que desde que aprendí a leer, he tenido una Biblia. Pero no siempre he disfrutado leyéndola. Para ser sincera, hay partes que me pueden aburrir: listas, leyes, y cosas que mi cerebro no llega a entender.

Pero con el paso de los años, he llegado a ver la Biblia como lo que realmente es, una colección de historias con personas como nosotras, lecciones de vida, y página tras página que describen al Dios que amamos y servimos.

Si te dispones a leer tu Biblia como algo que *tienes* que hacer, te perderás el súper poder que puede tener en tu vida. La Biblia es la forma de Dios de comunicarse contigo, de dejarte conocer quién es Él. El

Espíritu Santo usa su Palabra para mostrarnos la verdad, convencernos, corregirnos y entrenarnos.

La Biblia no es aburrida. No son solo listas, o solo reglas, o solo un montón de historias difíciles de entender. Es un registro de quién es Dios y la historia de su gran amor por su pueblo, que somos nosotros.

Mientras más ahondes en la Palabra por ti misma, más hambre tendrás de ella. Mientras más leas la Biblia, más conocerás a Dios.

La Biblia es siempre tu mejor recurso cuando quieres oír de Dios. Ahí, en blanco y negro (y a veces en rojo), están las palabras inspiradas por Dios para ti. No te limites solo a tu pastor, a un podcast o incluso a un escritor cristiano para leer unos pocos versículos aquí y allá. Ahonda en la Palabra por ti misma, y disfruta de este regalo que Dios te ha dado: acceso total a quién es Él y conocimiento total de cómo se siente Él con respecto a ti.

> *Si te dispones a leer tu Biblia como algo que tienes que hacer, te perderás el súper poder que puede tener en tu vida.*

SÉ VALIENTE: *Echa un vistazo a SheReadsTruth.com (o HeReadsTruth. com). Ofrecen muchos planes y recursos para ayudarte a aprender a leer la Biblia de forma regular.*

Día dieciocho

>>>———

ORA

Esta es la confianza que tenemos al acercarnos a Dios: que, si pedimos conforme a su voluntad, él nos oye.

—1 JUAN 5.14

Yo he tenido una larga (y quizá complicada) relación con la oración. Sé que es real; sé que es poderosa; sé que Dios nos oye. Sin embargo, eso no significa que siempre haya recibido lo que quería. Pero la primera vez que recuerdo que Dios contestó sin lugar a dudas una de mis oraciones fue cuando tenía nueve años. En la primavera de mi tercer año escolar participé en el musical de niños de mi iglesia. De acuerdo, decir que yo era «LA ESTRELLA» es un poco exagerado porque, aunque así lo era en mi corazón, estoy segura de que era solo una de las estrellas. Bien, una de las participantes.

Yo era el Pequeño Salterio. (Para las que no lo saben, Salterio es un himnario de canciones que enseñan a los niños acerca de Dios). Estaba metida en ese enorme traje de cartón azul con forma de libro y tenía un bate de béisbol sobre mi hombro. Después caminaba entre la gente, cantando el bonito himno «Sublime Gracia».

Por cierto, ¿ya he dicho que era un personaje masculino? Porque esa es una parte especial de la historia.

Cuando llegué a casa de la escuela el día del musical, mi mamá estaba en su cama, y todas las luces de su cuarto estaban apagadas porque tenía migrañas. Mi vida está llena de recuerdos de migrañas. Cuando era niña, llevábamos a mi mamá al hospital o nos íbamos de casa con papá para que ella pudiera tener paz y tranquilidad. Ese día cuando vi a mi mamá en la cama, supe de inmediato que era algo malo.

Me susurró con su voz de dolor de cabeza que lo sentía, pero no iba a poder ir a ver la obra esa noche.

Bueno, mi tierno corazón de tercer grado se rompió. Subí corriendo las escaleras hasta mi cuarto, tiré mi mochila con los libros al piso, me arrodillé junto a la cama, junté mis manos y oré tan fuerte como mi corazón sabía orar.

No recuerdo cada palabra que dije durante esa ferviente oración de niña; sé que oré que Dios sanara el dolor de cabeza de mamá para que ella pudiera ir a ver la obra. Le rogué como una niña de nueve años puede hacerlo, con los ojos cerrados fuerte y repitiendo las mismas frases una y otra vez.

La oración es esa asombrosa oportunidad de conectarse directamente con el Ser más grande que haya existido nunca.

Más tarde y ya en la iglesia, con solo unos minutos antes de que se alzara el telón, alguien susurró mi nombre. Yo estaba de pie en la plataforma, lista para cantar, y allí estaba mi mamá, en un lado del escenario, diciéndome que había podido llegar.

Lo sé. Es como un momento estelar en una película. Y es cuando aprendí que la oración es poderosa.

Desde entonces, he visto oraciones respondidas de un modo parecido, justo de la forma que yo pensaba, y he tenido oraciones que aparentemente nunca fueron contestadas. He vivido otras situaciones en las que oré por algo que salió de forma tan distinta que me pregunté si Dios y yo hablábamos el mismo lenguaje.

Creo que es ahí donde entra la valentía. ¿Eres lo suficientemente valiente para orar y creer que Dios te oye y que cambia las cosas? ¿Eres lo suficientemente valiente para creer con todo tu corazón que Dios hará algo milagroso? ¿Eres lo suficientemente valiente para decirle las primeras palabras después de haber estado callada durante un tiempo? En realidad, la oración no tiene que ver con nosotras. La oración es esa asombrosa oportunidad de conectarse directamente con el Ser más grande que haya existido nunca. Y se necesita valentía para conocer eso por ti misma.

Así que ora. Dios es absolutamente real. Y Él está escuchando.

SÉ VALIENTE: *Ora hoy, ya sea una frase corta dicha en susurros o unos cuantos párrafos escritos en tu diario. Habla con Dios. Él te está escuchando.*

Día diecinueve

TEN FE

Ahora bien, la fe es la garantía de lo que se espera, la certeza de lo que no se ve.

—Hebreos 11.1

¿Qué significa realmente creer en Dios? ¿Qué es la fe? La fe es estar segura y convencida.

A veces es difícil sentirse segura. Por lo tanto, ¿qué haces si quieres tener fe o quieres más fe y no estás segura de cómo conseguirla? Pídele a Dios que te llene de fe: fe en Él, fe en sus promesas, fe en sus caminos. Y después usa la seguridad que brote en tu corazón para luchar contra las mentiras del enemigo.

El enemigo es muy bueno mintiendo, ¿a que sí? (Tú sabes que tienes un enemigo, ¿verdad? Un enemigo legítimo que no tiene buenos pensamientos acerca de ti o para ti). Él ha estado mintiendo desde el jardín del Edén cuando convenció a Eva de que Dios realmente no era de fiar. Y esa es la misma mentira que nos susurra a nosotras. Mentiras como: «Tú no puedes confiar en Dios... Tu fe es débil... Ni siquiera *tienes* fe».

Cuando Satanás toca tu célula sensible o te hace dudar de la Palabra de Dios o del amor de Dios por ti, ¿cuál es tu primera acción valiente? Levanta el escudo de la fe que tienes cubriendo tu corazón, el cual sirve para protegerte de los dardos del enemigo. Tan solo cree.

No siempre es fácil; de hecho, raras veces lo es, pero lo bueno nunca es barato. Y lo que ocurre en tu alma al otro lado de una pelea por la fe es lo bueno.

> *Pídele a Dios que te llene de fe: fe en Él, fe en sus promesas, fe en sus caminos.*

¿Tu siguiente acción valiente? Fija tus ojos en Jesús, que es el «iniciador y perfeccionador» de tu fe (Hebreos 12.2). Cuando las dudas nublen tu mente y la fe no llegue fácilmente, recuerda que Él consideró un gozo soportar la cruz por su gran amor por ti. Y Él te ayudará a crecer en fe.

Ten esto por seguro: cuando le pidas a Dios que aumente tu fe, Él lo hará.

SÉ VALIENTE: *Descárgate la canción de Matt Wertz «Keep Faith» y ponla unas cuantas veces hoy. Quizá puedes escribir en tu diario parte de la letra con la que te identifiques.*

Día veinte

>>>>———

DIOS ES QUIEN DICE SER

Dios no es un simple mortal para mentir y cambiar de parecer. ¿Acaso no cumple lo que promete ni lleva a cabo lo que dice?

—Números 23.19

¿Sabes quién fue realmente muy valiente? Gedeón. El de la Biblia.

En Jueces 6, todos los israelitas estaban comportándose mal de diversas formas, de esas formas que los separaban de Dios. El Señor los entregó a sus enemigos, y estaban viviendo en temor, escondiéndose y siendo derrotados y expoliados. Entonces los israelitas comenzaron a clamar a Dios pidiendo rescate. (Conozco ese comportamiento, ¿y tú? Esconderme de Dios cuando siento que estoy mal, pero pedirle que me rescate cuando me he metido en un buen lío). Dios decidió mostrarles misericordia y rescatarlos, derrotando a los demás ejércitos usando al ejército israelita. Y Gedeón, este tipo aparentemente inepto, estaba a punto de tener un llamado único a ser valiente.

Comenzando en Jueces 6.11 vemos a Gedeón trillando trigo mientras se escondía en un lagar (en vez de separar el trigo en un lugar público normal). Un ángel del Señor se le apareció y dijo: «¡El Señor está contigo, guerrero valiente!» (Jueces 6.12). Esta frase sorprendió a Gedeón porque, bueno, se estaba *escondiendo*, una conducta que no es muy típica de un «guerrero valiente». Pero el Señor le dijo a Gedeón que era la persona que lideraría a Israel para salvarles de los madianitas.

Cuando escuchó esto, Gedeón de inmediato comenzó a explicar a Dios por qué él no era el tipo indicado para ese trabajo, ya que pertenecía al clan más débil, y él era el más débil dentro del clan más débil. ¿Sabes lo que estaba ocurriendo ahí? Gedeón se estaba mirando a sí mismo y a sus propias habilidades en vez de mirar a Dios y creer que Él es quien dice ser.

Dios, que es perfecto y perfectamente fiable, te ama profundamente y te llama a ser valiente. Si te sientes atascada mirando tus defectos, alza tu mirada hacia Jesús, que es exactamente quien dice ser, quien derrotó a la muerte misma, y quien te capacita para ser valiente.

> *Dios, que es perfecto y perfectamente fiable, te ama profundamente y te llama a ser valiente.*

SÉ VALIENTE: *¿Te estás escondiendo de Dios ahora mismo? ¡No tienes que esconderte! Dios te está haciendo ser valiente día a día.*

Día veintiuno

>>>———

TÚ PUEDES OÍR A DIOS

Pero el que entra por la puerta es el pastor de las ovejas. El portero le abre la puerta, y las ovejas reconocen la voz del pastor y se le acercan. Él llama a cada una de sus ovejas por su nombre y las lleva fuera del redil. Una vez reunido su propio rebaño, camina delante de las ovejas, y ellas lo siguen porque conocen su voz.

—Juan 10.2-4, NTV

Yo siempre había vivido en Georgia. Los primeros veintisiete años de mi vida, mi casa había estado siempre en un solo estado. Me gustaba mi licencia de manejar de Georgia, mis equipos deportivos de Georgia, la pegatina de Georgia que tengo en mi automóvil y mi casa de Georgia.

Entonces, un mes de octubre sentí algo que se removía en mi corazón sobre Nashville, Tennessee. Tenía miedo. No quería ni pensar en mudarme, y mucho menos en hacerlo de verdad. Pero llevo siguiendo a Dios durante mucho tiempo, y he aprendido a oír la voz de Dios en mi vida. Conocía esa callada voz y ese amable empuje.

No quería ir. Me acuerdo de la última reunión en mi iglesia en Georgia antes de mi gran mudanza. Mientras sonaba la música, las lágrimas brotaban de mis ojos y muchas cosas pasaban por mi mente:

este era mi último domingo en casa, todo iba a cambiar, quizá Dios cambiaría de idea, quizá me había equivocado del todo... Espera. ¿Quizá Dios va a cambiar de idea?

Soy una genio, pensaba yo. *Oraré y le pediré que cambie de idea. Él sabe que estoy dispuesta a ir, ya he pagado mi primer mes de renta y ya he mandado un primer envío con mis cosas a Nashville. Ahora Dios me sacará de esta.*

Eso es exactamente lo que oré. Mientras el resto de la gente adoraba a Dios, yo negociaba con Él. Le recordé lo totalmente *dispuesta* que estaba a ir. Sabía que a veces Él no te hace *hacer* lo que te pide, solo quiere que estés dispuesta. Le rogué que no me hiciera ir. Le rogué que cambiara de idea.

Y entonces una frase valiente pero callada atravesó mi mente y conectó con mi corazón.

Nashville es el mayor regalo que te he dado.

> *Llevo siguiendo a Dios durante mucho tiempo, y he aprendido a oír la voz de Dios en mi vida.*

Respiré hondo. Sabía que era cierto. No sentía que era cierto. No parecía cierto, pero sabía que era Dios, y sabía que era cierto.

Durante mucho tiempo no sentí que era un regalo. Al principio el sentimiento era terrible, después qué remedio, después superable, después bueno, después genial. Pero te diré algo: esa frase que Dios susurró en mi corazón hace años atrás es una de las cosas más ciertas que sé hoy día.

Nashville es el mayor regalo que Dios me ha dado. De verdad. No hay duda. Él lo sabía entonces. Ahora lo sabemos los dos.

Estoy totalmente en desacuerdo con las personas que dicen que Dios ya no nos habla. Creo que Él siempre nos está hablando, a través de la Biblia, a través de la naturaleza, a través de otros, a través de la vida de Jesús, y directamente a través del Espíritu Santo que vive en nosotros. Tú puedes oírle también, si quieres. Él está hablando, y te hablará si le escuchas.

Sé valiente: *¿Podrías ser lo suficientemente valiente para creer que Dios quiere hablarte? Tan solo pídeselo. Ora así: Dios, quiero oírte. Quiero conocer tu voz y reconocerla. Te escucho. Háblame.*

>>>>——————

TÚ ERES QUIEN DIOS DICE QUE ERES

Por lo tanto, como escogidos de Dios, santos y amados, revístanse de afecto entrañable y de bondad, humildad, amabilidad y paciencia.

—COLOSENSES 3.12

Mi amiga Jenna consiguió un empleo en un banco en Nashville. Estaba muy emocionada durante su entrenamiento cuando su entrenadora le dijo que aprendería a identificar dinero falso. En su atrevido traje de empresa, Jenna fue a trabajar ese día esperando ver y sentir todos los tipos distintos de billetes falsos que conocía el FBI. A ella le encantan estas cosas, como esos programas de televisión dedicados a atrapar a personas que infringen la ley.

Así que cuando Jenna llegó esa mañana, tenía un fuerte brío en sus pasos, lista para empezar su tarea encubierta. En vez de eso, los entrenadores les dieron a ella y a los demás nuevos empleados montones de billetes reales y pidieron a cada uno que contara los montones. Una y otra vez. Y otra vez. Y otra vez. No sé si esto es totalmente preciso, pero Jenna jura que contó los cincuenta billetes de un dólar más de cien veces.

Frustrada, otra de las trabajadoras nuevas le preguntó a su entrenador: «¿Por qué estamos haciendo esto?».

El entrenador le respondió: «Ahora sabes identificar los billetes verdaderos. Has practicado tanto con los verdaderos que notarás fácilmente cuando tengas uno falso».

> *Cuando pasas tiempo con Dios y te sumerges en la verdad de su Palabra, notarás fácilmente las mentiras y las cosas que oyes en tu cabeza que no son verdaderas.*

Cuando pasas tiempo con Dios y te sumerges en la verdad de su Palabra, notarás fácilmente las mentiras y las cosas que oyes en tu cabeza que no son verdaderas. Oirás la verdad de quien Dios dice que eres con mucha más claridad, como lo mucho que te ama.

A lo largo de toda su Palabra descubrirás que Dios dice: eres aceptada. Eres amiga de Dios. Su heredera. ¡Has sido perdonada por completo!

Estás segura. Romanos 8 dice que eres libre de la condenación. ¡Eres importante! Efesios 2 dice que eres obra de sus manos, que estás sentada con Jesús en lugares celestiales.

A lo largo de toda su Palabra, Dios dice que eres fuerte e importante en este planeta. Eres quien Dios dice que eres, y puedes ser valiente.

SÉ VALIENTE: *Termina esta frase: Soy importante porque* _____ _____ *, y estas son tres formas en las que esto impacta mi vida:*

_____ .

>>>> ———→

CREE QUE A DIOS LE IMPORTAN TUS SUEÑOS

Pues si ustedes, aun siendo malos, saben dar cosas buenas a sus hijos, ¡cuánto más su Padre que está en el cielo dará cosas buenas a los que le pidan!

—MATEO 7.11

¿Cómo te sientes al soñar y creer que Dios está obrando en esos sueños, aunque no se cumplan? ¿Confías en que Dios quiere usar esos sueños?

Estoy viviendo una vida que nunca planifiqué, y me ha demandado más valentía de la que jamás pensé que podría caber en este cuerpo de cinco pies y seis pulgadas (1,67 metros). Sinceramente, estoy impactada de haber sobrepasado ya los treinta y no tener ni esposo ni hijos. Pero en lo más hondo de mí hay un rayo de esperanza. No necesariamente esperanza en el pensar «*seguro* que un día me casaré», sino esperanza pensando que «Dios sabe lo que hace».

Pensaba que sería mucho mejor escribir sobre esto más adelante en mi vida. Como: cuando esté casada con algún tipo asombroso y tengamos tres hijos y una bonita cocina y conduzca un SUV de mamá moderna y unos zapatitos diminutos estén esparcidos por toda nuestra casa. Entonces podría decirles a todas las solteras que «¡esperen porque Dios tiene un plan asombroso para su vida!». Y la sección sobre soltería estaría llena de símbolos de admiración porque los símbolos de admiración me parece que dan ¡mucho ánimo! y que son ¡inspiradores!

Pero no voy a dejar de esperar y soñar. Creo que hay algo realmente poderoso en ser abofeteada en medio de la estación no deseada y ser capaz de mirarte a los ojos (lo cual haría si pudiera) y decir: «Dios no se ha olvidado de ti. Tu vida y tus sueños son importantes para Dios».

Solo quiero decirte, desde una de las trincheras de esta etapa de querer algo y no tenerlo (como nos ocurre a la mayoría, estoy segura), que voy a hacerlo bien. Y si eres soltera y quieres casarte, o desearías poder tener hijos, o querer un empleo, o casa o ciudad mejor, quiero que sepas que tú también lo lograrás.

Dios nos escucha cuando oramos. Él conoce nuestro corazón

Dios no se ha olvidado de ti.

mejor que nosotras. Él se interesa por ti, y se interesa por tus sueños. Así que comparte tus sueños con tu Padre, quien te ama y le encanta darte buenos regalos.

SÉ VALIENTE: *¿Qué sueño hay en tu corazón que no has visto que Dios haya cumplido aún en ti? ¿Cómo sería estar llena de esperanza, aunque no sepas cómo va a terminar esta historia?*

VALENTÍA
SUFICIENTE
PARA SOÑAR

*Los valientes son los que
deciden soñar.*

Día veinticuatro

>>>> ———————→

SUEÑA A LO GRANDE

En Betania, mientras estaba él sentado a la mesa en casa de Simón llamado el leproso, llegó una mujer con un frasco de alabastro lleno de un perfume muy costoso, hecho de nardo puro. Rompió el frasco y derramó el perfume sobre la cabeza de Jesús. Algunos de los presentes comentaban indignados: —¿Para qué este desperdicio de perfume? Podía haberse vendido por muchísimo dinero para darlo a los pobres. Y la reprendían con severidad. —Déjenla en paz —dijo Jesús—. ¿Por qué la molestan? Ella ha hecho una obra hermosa conmigo.

—MARCOS 14.3-6

*D*esde el tercer grado, mi gran sueño era enseñar en la escuela. Soy mandona por naturaleza. Ser maestra es un empleo estupendo para las personas mandonas como yo.

A mitad de mi último año en la Universidad de Georgia, justo antes de comenzar mi experiencia de estudiante en prácticas, mi pastor del campus en Wesley Foundation, Bob Beckwith, se acercó a mí con una oportunidad. Wesley permite que algunos estudiantes se queden después de su último año como interinos sin salario, y Bob quería que yo fuera la interina del ministerio de mujeres.

Mi gran sueño de enseñar estaba a la vista, y lo único que tenía que hacer era llenar las aplicaciones estatales correctas e intentar encontrar un trabajo como maestra.

Por otro lado, ser interina sonaba estupendo. Muchas buenas amigas mías eran interinas, incluida mi mejor amiga y compañera de piso, y yo había crecido tanto dentro del ministerio que la oportunidad de servir a cambio también me parecía algo muy bueno.

El sueño de Dios para mí era mucho mayor que el que yo había planificado todo el tiempo.

Pero era sin salario, y para ser interina en Wesley tenía que recaudar 15,000 dólares.

Quince mil dólares.

Un sábado en la mañana antes de las vacaciones de Navidad, estaba sentada en una cómoda silla y leía Marcos 14.3-6. La mujer con un frasco de perfume le dio todo lo que tenía a Jesús. Su corazón, su sacrificio y todo el salario de un año.

Sabía que me estaba pidiendo que pusiera mi gran sueño en pausa, que renunciara al salario de un año como ofrenda a Jesús para servir a los estudiantes y para ministrar a Jesús mismo, lo que ahora veo como el mayor sueño de Dios para mi vida.

Terminé siendo maestra en una escuela durante cinco años después de aquello. Todavía me asombra cómo el sueño de Dios para mí era mucho mayor que el que yo había planificado todo el tiempo.

Sueña a lo grande. Sé suficientemente valiente para creer que por mucho que pudieras querer, Dios podría darte más. Fuimos creadas para marcar un gran impacto sobre este planeta. Mayor que el que jamás podríamos soñar por nosotras mismas.

SÉ VALIENTE: *Escribe uno o dos sueños realmente grandes que tengas para tu vida.*

>>>>————

SUEÑA EN PEDAZOS

El Señor, que me libró de las garras del león y del oso, también me librará del poder de ese filisteo.

—1 Samuel 17.37

*D*ios me conoce. Él te conoce. Él sabe que necesitamos sueños en pedazos porque nos daría demasiado miedo ver el rompecabezas completo. Si yo hubiera sabido que iba a ser escritora y oradora cuando estaba estudiando en la universidad para ser maestra de primaria, probablemente me habría metido debajo de la sábana y me hubiera quedado allí un año o cinco. Estoy aquí hoy por los pequeños pasos y los pequeños momentos de valentía que salpicaron mi carrera como escritora y que ahora se han convertido en esto.

Pienso en el rey David, allá cuando era un niño que iba a ver cómo estaban sus hermanos en el campo de batalla contra los filisteos. Descubrió que todos tenían miedo de Goliat, este hombre gigante que estaba luchando con el otro ejército.

El joven David, el pastorcito, le dijo al rey Saúl que él iría contra Goliat. Todos se quedaron perplejos porque David era un niño, y el resto del ejército de Israel, hombres adultos, le tenían miedo. La respuesta de David nos muestra la importancia de esos pasos de valentía diarios que conducen a la historia mayor.

David le respondió: «A mí me toca cuidar el rebaño de mi padre. Cuando un león o un oso viene y se lleva una oveja del rebaño, yo lo persigo y lo golpeo hasta que suelta la presa. Y, si el animal me ataca, lo agarro por la melena y lo sigo golpeando hasta matarlo. Si este siervo de Su Majestad ha matado leones y osos, lo mismo puede hacer con ese filisteo pagano, porque está desafiando al ejército del Dios viviente». (1 Samuel 17.34-36)

David, siendo un pastorcito, luchó contra un león. Y un oso. Y rescató a sus ovejas. Nunca mató al león para prepararse para el oso. No mató al oso para prepararse para Goliat. Solo decidió ser valiente cada vez, hacer su trabajo y proteger las ovejas. Y a medida que los desafíos crecían en rango, también lo hacía la creencia de David en las maneras en las que Dios le había creado de manera única. Más importante aún es que David creía de todo corazón en quién era Dios y en que Dios tenía un papel para que él desempeñara que le exigiría valentía. Lo mismo ocurre en tu caso y en el mío.

Él sabe que necesitamos sueños en pedazos porque nos daría demasiado miedo ver el rompecabezas completo.

SÉ VALIENTE: *¿Cuál es un área de tu vida en la que sabes que estás siendo valiente ahora mismo?*

Día veintiséis

¿QUÉ ES UNA PUERTA ABIERTA?

Me guía por sendas de justicia por amor a su nombre.

—Salmos 23.3

¿Cómo sabes cuándo hacer un movimiento valiente, aunque no sea fácil? ¿Cómo sabes cuándo ir por ello?

Como estudiante de segundo año en la universidad (y durante la mayor parte de mi carrera universitaria), me gustaba pasar tiempo en las oficinas del ministerio de mi campus, la Fundación University Of Georgia Wesley Foundation; me parecía divertido, y actual, y cristiano.

Un ministerio en el campus es una iglesia para los estudiantes universitarios asentada en el campus universitario. Muchas de las amigas de mi grupo de jóvenes también asistían a la UGA, así que cada vez que pasaba por el edificio Wesley me sentía como si en cierto modo volviera a casa. Y cuando caminaba por los pasillos, veía las fotos de viajes misioneros de años pasados.

Un día estaba de pie ante una de esas fotos, un grupo de estudiantes estaban juntos en un campo de girasoles. El sol brillaba sobre sus cabezas, casi haciendo que las rubias parecieran que brillaban. En la parte inferior decía: «ESCOCIA».

Había escuchado acerca de Escocia. Eso era todo. Durante una reunión de miércoles por la noche en Wesley ese otoño, justo semanas después realmente, anunciaron los viajes misioneros para ese año escolar, y vi Escocia como una opción. *Sí*, pensé, *quiero estar en ese campo y hacerme esa foto con los girasoles.*

No era algo súper espiritual. Era solo una puerta abierta.

Sabía que la Biblia dice que vayamos a todas las naciones y compartamos el evangelio (Mateo 28.19), así que se trataba de más que solo escoger entre la lista de viajes que se ofrecían para los estudiantes interesados ese semestre. Oré; recuerdo eso. Pero no apareció ninguna pancarta enorme que dijera «Escocia» volando por la ventana de mi cuarto ni ninguna otra señal rara desde los cielos. Tan solo sabía que quería ir a un viaje misionero, y ese era el que me llamaba la atención.

Terminé yendo a ese viaje misionero, e incluso terminé viviendo allí por un tiempo. Ir a un viaje de misiones en otro país, y después vivir allí, exige valentía. Era diferente. Era algo nuevo. Y no estaba siguiendo un camino iluminado con flechas brillantes. Era una puerta abierta por la que Dios me había llevado.

No era algo súper espiritual. Era solo una puerta abierta.

En el pasaje de hoy, el salmista dijo que Dios le guía por sendas de justicia. Pídele al Señor que *te* guíe a puertas abiertas, y después sé valiente para atravesarlas.

SÉ VALIENTE: *Escribe una oración a Dios, pidiéndole que te enseñe las puertas abiertas en tu vida en este instante. Si quieres que Él abra las puertas correctas y cierre las incorrectas, escríbelo también.*

Día veintisiete

>>>———→

¿QUÉ ES UNA PUERTA CERRADA?

Pon en manos del Señor todas tus obras, y tus proyectos se cumplirán.

—Proverbios 16.3

Los valientes pasan por las puertas, ¿verdad? Los valientes ven que una puerta no se abre y buscan una forma creativa de pasarla y encuentran otra manera, ¿verdad?

Bueno, así es exactamente como sucede a veces, pero como personas que confiamos en un Dios omnisciente, sabemos que podemos estar haciendo algo, caminando, orando para estar alineados con la voluntad de Dios y nos encontraremos con una puerta cerrada.

Las puertas cerradas pueden ser algo que nos confunde.

Quizá estabas buscando a Dios para saber qué carrera escoger. Quizá comenzaste a prepararte para ser bióloga marina desde que estabas en el instituto con un trabajo de verano en el acuario.

Quizá vivías en Florida. Tu tía era bióloga marina. Todo lo relacionado con tu sueño tenía sentido.

Pero entonces llegó la vida. Y viste que estabas en tu segundo año en la universidad, contemplando alguna puerta abierta que no esperabas, y dándote cuenta de que la puerta hacia la biología marina no parecía ser algo que pudieras seguir haciendo, por alguna razón, quizá no entraste en algún programa, no tenías el dinero suficiente, tuviste una crisis familiar que te hizo tener que dejar los estudios durante un año.

A veces, podemos estar haciendo algo, caminando, orando para estar alineados con la voluntad de Dios y nos encontraremos con una puerta cerrada.

Sea lo que sea, sucede, y cuando sucede, puedes ser valiente.

Puedes ser valiente porque puedes confiar en Dios. Las personas valientes encomiendan su trabajo al Señor y confían en que el plan de Dios para sus vidas quizá no se parezca mucho a lo que habían planeado, pero no pasa nada.

Si estás viendo una puerta cerrada hoy, entonces es que hay una puerta abierta al doblar la esquina. Sé suficientemente valiente para entrar por las puertas por las que el Señor te haga pasar, incluso aunque sean inesperadas o den miedo.

SÉ VALIENTE: *Esto podría ser un poco doloroso o asustarte, pero escribe acerca de una puerta que sabes que Dios ha cerrado en tu vida.*

Día veintiocho

LLORA POR LOS SUEÑOS
QUE HAN MUERTO

De angustia se me derrite el alma: susténtame conforme a tu palabra.

—SALMOS 119.28

Quise vivir en Escocia durante once años antes de llegar a hacerlo. *Once años*. Varias veces cuando tenía veintitantos años tuve oportunidades de mudarme allí, y siempre dije que no. El momento no era el adecuado. Nunca sentí que era el mejor plan de Dios, pero también, en un rincón de mi mente... *tenía miedo*. Tenía miedo de que mudarme a Escocia significara no casarme nunca.

Siempre soñé que estaría casada y con hijos antes de llegar a los treinta, y por ese sueño dejé pasar toda una década con la esperanza de que escoger América significara escoger el matrimonio. Ahora bien, no estoy diciendo que quedarme en América no fuera la voluntad de Dios. Sé que Él hizo cosas buenas con mi vida en esa década; solo sé que cada vez que una de esas oportunidades llegaba ante mí, el temor me susurraba. Y yo escuchaba.

Me senté con mi consejera hace dos semanas atrás, y como suele pasar en las sesiones de consejería, verbalmente vomité todo lo que había estado procesando durante las semanas desde nuestra última sesión. Cuando terminé, ella me miró fijamente a los ojos y me dijo que estaba bien llorar.

«Espera», dije. «Creo que no estoy de acuerdo con eso. Creo que se supone que debo estar bien con que este sea el plan de Dios y confiar en Él y en que Él está obrando en todas las cosas—».

Ella me interrumpió.

«Los sueños que pensabas que se cumplirían en cierto espacio de tiempo nunca sucedieron. Viste una vida para ti misma que nunca tendrás. Puedes llorar esa pérdida».

> *«Los sueños que pensabas que se cumplirían en cierto espacio de tiempo nunca sucedieron. Viste una vida para ti misma que nunca tendrás. Puedes llorar esa pérdida».*

Nadie me había dicho nunca eso. Pero necesitaba oírlo. Quizá no me casé en la década que planeaba, pero Dios me llevó por caminos maravillosos donde pude glorificarlo a Él.

Es fácil aceptar las oraciones no contestadas y las decepciones en nuestra vida y meterlas debajo de la alfombra para no tener que pensar en ellas. Pero ¿sabes qué, amiga? Está bien llorar por tus sueños que han muerto. Mirar esos sueños exige valentía, pero cuando los miras a la cara, de frente, y los dejas ir, verás cómo el plan de Dios para tu vida, aunque distinto de lo que esperabas, es una historia bonita por sí misma que jamás podrías haber soñado tú misma.

SÉ VALIENTE: *¿Qué sueño muerto tienes que llorar?*

Día veintinueve

>>>——

PERSIGUE LOS SUEÑOS QUE ESTÁN VIVOS

Los pensamientos humanos son aguas profundas; el que es inteligente los capta fácilmente.

—PROVERBIOS 20.5

A veces ser valiente es alejarse de los sueños que han muerto y de las puertas que se han cerrado y perseguir los sueños que están vivos.

Dios planta sueños en nuestro corazón a una edad temprana. Él nos da talentos mucho antes de que nosotros sepamos exactamente cómo usarlos. ¿Y los jóvenes? Ellos no tienen miedo de pensar en esos talentos, de adentrarse en el sueño que sea, de ser valientes de forma natural.

Tengo amigas que están seguras de que la vida les ha pasado de largo, que sus oportunidades de ser valientes han llegado y se han ido. Eso para mí es lo más triste, ¡no eres demasiado mayor! Mi abuela fue valiente hasta su último aliento a los ochenta y nueve años.

Si estás leyendo este libro estás viva, y si estás viva, también lo está algún sueño.

¿Cuáles son los sueños con los que no dejas de soñar? Piensa en eso y descúbrelo porque Dios quiere usar ese sueño. Dios quiere usar ese talento. Él quiere tomar tus sueños y talentos y usarlos para apuntar a otros a Él.

Yo amo a Dios. Él es todo para mí en mi vida. Él me ama realmente bien, y déjame contarte cuál es una de las formas para mí de amar a Dios: esta misma. Escribir. Hablar acerca de Él. Expresar mi amor a Él mediante la vida que vivo, la gente que amo y las causas en las que trabajo. Quiero vivir mi vida de una forma que siempre bombee todo el amor de mi corazón que sea posible.

> *Si estás leyendo este libro estás viva, y si estás viva, también lo está algún sueño.*

¿Cometo errores? Constantemente y definitivamente. ¿Soy pecadora? Puedes estar segura. Pero cada día, durante el resto del tiempo que el Señor me dé en esta tierra, quiero que mi vida entera lo ame a Él, mediante mi profesión de escritora y cualquier otro sueño que Dios ponga en mi vida y mi corazón.

A Dios le encanta poner alas a los sueños que persiguen sus hijos, sueños que pueden darle gloria a Él.

SÉ VALIENTE: *¿Cuál es ese sueño que esperas que aún siga vivo en tu vida?*

Día treinta

DÍSELO A ALGUIEN

> Preocupémonos los unos por los otros, a fin de estimularnos
> al amor y a las buenas obras. No dejemos de congregarnos,
> como acostumbran hacerlo algunos, sino animémonos unos
> a otros, y con mayor razón ahora que vemos que aquel día se
> acerca.
>
> —Hebreos 10.24-25

En mi iglesia natal, los estudiantes de secundaria organizan y dirigen el retiro de secundaria. Es realmente una bonita experiencia.

Hace unos años atrás yo era una líder adulta, y estábamos en uno de esos centros de retiros que tienen cabañas y literas y dos duchas para cada veinte personas. Era tan rústico como te estás imaginando.

La noche del sábado de ese retiro me metí en mi pequeña litera, que estaba pegada a otra litera, y cerré los ojos. No habían pasado ni treinta segundos cuando sentí que alguien me tocaba en el hombro.

Como somos personas que nos gusta hacer bromas, estaba segura de que estaba a punto de que (1) alguien me rociara la cara con algo o (2) participar en hacer alguna broma a alguien. En vez de eso, era Mallory, una estudiante de último año que estaba ayudando a dirigir el retiro. Le faltaban solo unos meses para graduarse e irse a la Universidad de Auburn.

> *Ese pequeño atisbo de valentía había estado creciendo en su corazón durante días, quizá semanas.*

Mallory me pidió que le hiciera un hueco, y así lo hice. Yo estaba algo preocupada, ¿le pasará algo? Mallory miraba fijamente hacia arriba, a los muelles de la cama que teníamos encima. La luz de la luna apenas entraba por las cortinas, pero era suficiente para poder ver que ella obviamente estaba lidiando con algo en su corazón.

«No quiero ir a Auburn», me susurró, y oí las lágrimas cayendo en la almohada. Esperé, pensando que me diría algo más. Cuando no lo hizo, respondí.

«Está bien, Mallory. No tienes que hacerlo».

«Creo», tartamudeaba lentamente, «que quiero ser misionera. Quiero ir a YWAM». Su voz aún era temblorosa.

«Está bien, Mallory. Puedes hacer eso».

Mallory no comenzó su viaje hacia la valentía ahí. Ese pequeño atisbo de valentía había estado creciendo en su corazón durante días, quizá semanas. Y entonces en las horas y minutos antes de levantarse de su cama, se desarrolló, ¿no es así? Pies que le guiaron a decírselo a alguien.

¿Quieres ser valiente? Dile a alguien que quieres ser valiente, y después observa lo que Dios puede hacer.

Sé valiente: *Llama a una amiga hoy. Vete con ella a comer, o a tomar café, o a dar una vuelta. Y cuando estén hablando, cuéntale a tu amiga esa idea valiente que aún no has dicho en voz alta.*

Día treinta y uno

¿CÓMO SABES A QUIÉN CONTÁRSELO?

Sin dirección, la nación fracasa; el éxito depende de los muchos consejeros.

—Proverbios 11.14

Cuando se trata de tus sueños, tienes que proteger tu corazón. Tu corazón es precioso, tus sueños solo deberías compartirlos con amigos cercanos, y deberías amar bien pero con cuidado. Tienes que permitir el amor en tu corazón, pero acordarte siempre de guardarlo y protegerlo.

Cuando estés intentando averiguar cómo encontrar personas a las que poder contarles tus sueños, hazte algunas preguntas.

1. ¿En quién confío? Piensa en las personas de tu vida. ¿Hay alguien que te haga sentir inquieta? ¿Hay algunos que parecen estar siempre divulgando detalles personales de otras personas? No los escojas.

2. ¿Quién no está demasiado involucrado o emocionalmente implicado en mi vida? Por supuesto que hay un tiempo de contar tus sueños a tu grupo cercano de gente. Pero contarle a ese grupo cercano el sueño que quieres perseguir puede ser algo peliagudo. Tienes que

escoger a alguien que no pierda su mente al oír, por ejemplo, que te quieres mudar. Necesitas una parte más objetiva.

3. **¿A quién he visto mostrar sabiduría en su vida?** Las personas sabias viven vidas sabias. Encuéntralos. Obsérvalos. Y después tenlos cerca de tu vida.

> *Tu corazón es precioso, tus sueños solo deberías compartirlos con amigos cercanos, y deberías amar bien pero con cuidado.*

4. **¿A quién he visto varias veces siendo alguien confiable?** No debes compartir algo tan íntimo y vulnerable con personas que no parezcan ser muy leales o que no parezcan perseguir la sabiduría.

5. **¿A quién he visto experimentar el fracaso?** Sí, tienes que compartir esto con alguien de éxito. Sí, tu sueño tiene que estar seguro mientras es tan solo el inicio de algo. Pero aprenderás mucho de alguien que haya experimentado el fracaso.

El fracaso es muchas veces el mejor maestro. Deberías considerar compartir tu sueño con alguien que haya perseguido sus sueños y los haya alcanzado, y con alguien que lloró por un sueño perdido y pasó a otro.

SÉ VALIENTE: *Cuéntale a alguien tu sueño. Ya sea que tengas un sueño enorme o algo más pequeño, encuentra a alguien en quien confíes y cuéntaselo a esa persona.*

Día treinta y dos

LA DIFERENCIA ENTRE SUEÑOS Y LLAMADOS

> Porque las dádivas de Dios son irrevocables, como lo es también su llamamiento.
>
> —ROMANOS 11.29

Tuve un sueño bastante real la otra noche. No me sucede muy a menudo, pero cuando me pasa, es algo visceral. Cuando me desperté, sentía muy dentro de mí que tenía que llamar a mis amigas que estaban en el sueño para asegurarme de que aquello no era una realidad. Me sentí muy rara durante unas horas, y tuve que seguir recordándome que era solo un sueño, que nada de eso había ocurrido de verdad. Pero así es como a veces pasa con los sueños. Nos parecen muy reales hasta que se desvanecen y regresamos a nuestra vida normal.

No funciona exactamente así cuando piensas en los sueños que tienes para tu vida, ¿verdad? Los sueños que tengo para mi vida a menudo son deseos que crea mi corazón. Sueño con un trabajo, o un esposo, o niños, o una casa. Podemos tener sueños de cosas que esperamos que sucedan, cosas que hemos visto con los ojos de nuestra mente, y cosas que realmente queremos tener. Y nada de eso es malo, mientras mantengamos los sueños en su lugar correspondiente. Ni promesas, ni garantías, sino sueños.

Los sueños son distintos de tu llamado. Tu llamado es seguro y fuerte. Tu llamado, eso que Dios ha puesto en ti para el bien del planeta y el bien de tu corazón, no se va a ningún lado. Rebekah Lyons dice que tu llamado es donde colisionan tus cargas y tus talentos.

Tu llamado, eso que Dios ha puesto en ti para el bien del planeta y el bien de tu corazón, no se va a ningún lado.

Yo lo veo así: tu llamado es el dinero en el banco; tus sueños son todas las formas en las que puedes gastarte ese dinero. ¿Otra manera de verlo? Tu llamado es el ingrediente en la cocina, y tus sueños son las formas en que usas ese ingrediente.

¿Por qué tenemos que diferenciar? Porque necesitas tener sueños, sueños grandes, bonitos, osados, locos, de lo que piensas que podría suceder, pero necesitas construir tu vida alrededor de tu llamado, no de tus sueños. Tus sueños cambiarán con el tiempo. Algunos sucederán, y otros pasarán de largo. Pero tu llamado permanecerá siempre.

Sé valiente: *Haz una lista de algunos sueños que tienes para tu vida. ¿Cómo ves tu llamado desplegándose en tus sueños?*

VALENTÍA
SUFICIENTE PARA
TRABAJAR MUCHO

Trabajar mucho no es

para cobardes.

Día treinta y tres

>>>>

TÚ FUISTE CREADA
PARA HACER ¿QUÉ?

Ahora bien, el cuerpo no consta de un solo miembro, sino de muchos.

—1 Corintios 12.14

¿Para hacer qué, específicamente, te creó Dios? No es que nacieras sabiendo la respuesta a esta pregunta. Tienes que caminar por la vida, y tropezar, y volar alto, y pasar por todas las cosas, y observar a qué te sientes atraída y qué no funciona.

En 1 Corintios 12 leemos sobre cómo todos los cristianos tienen distintas funciones en el cuerpo de Cristo. Y Dios es quien decide cuál será tu papel en el cuerpo.

Por lo tanto, ¿cómo sabes qué es aquello para lo que fuiste creada? Sabemos, como cristianas, que todos somos llamados a señalar a la gente a Cristo. Pero ¿cómo se supone que debes hacerlo en la práctica, usando tu composición concreta?

¿La respuesta? Pregúntale a Dios. Pasa tiempo en su Palabra. Dios siempre nos está hablando, a ti y a mí, y hablará a través de su Palabra. También puedes oír el corazón de Dios a través de otras personas, a través de tu pastor, de tu líder de grupo pequeño, de tus padres e incluso de tus amigos. También creo que Dios puede susurrar verdades en tu corazón a través del Espíritu Santo.

Entonces, ¿cómo sabes cuándo es Dios quien te está hablando?

Escuchar a Dios es algo personal, para ser sincera. Y yo no me atrevería a afirmar ser una experta, pero así como conozco la voz de mi mamá cuando me llama o la voz de mi amiga cuando me grita desde el restaurante de enfrente, tú aprendes a reconocer las voces de las personas a las que más amas.

> *Tú aprendes a reconocer las voces de las personas a las que más amas.*

Así que practica el escuchar. Puedes orar algo así: *Dios, quiero oír de ti. Háblame. Enséñame a oírte en mi corazón y en lo que otros me dicen. Por favor, muéstrame qué es lo que quieres que haga para vivir mi llamado.*

Y después espera. Y escucha. Escribe en tu diario lo que oigas. Sé lo suficientemente valiente para compartirlo con tus amigas o una mentora en quien confíes. La mejor forma de crecer en tu capacidad de oír a Dios es practicar y dejar que otros te ayuden.

SÉ VALIENTE: *Dedica algún tiempo hoy a escuchar a Dios. Ora, siéntate en un lugar tranquilo, piensa y escucha. Ten tu Biblia y un diario cerca, y ve lo que Dios tiene para ti hoy.*

Día treinta y cuatro

>>>———————

UN LLAMADO

Ahora bien, hay diversos dones, pero un mismo Espíritu. Hay diversas maneras de servir, pero un mismo Señor. Hay diversas funciones, pero es un mismo Dios el que hace todas las cosas en todos.

—1 Corintios 12.4-6

*C*uando enseñaba en la escuela, mis alumnos aprendieron a escribir ensayos de cinco párrafos. Como probablemente recuerdes, estos debían incluir un párrafo de apertura, un párrafo de cierre y tres puntos principales. Estos tres puntos aluden a la presentación de la tesis, que explica el punto principal del ensayo.

Creo que nuestras vidas se parecen a eso. Cada una de nuestras vidas tiene una presentación de la tesis, algo principal, un llamado.

He estado intentando averiguar cuál es mi presentación de la tesis cuando se trata de mi llamado porque puede tener diferentes puntos. Creo que mi presentación de la tesis, hasta ahora, ha sido: *soy la amiga que te entretiene el tiempo suficiente hasta que aprendas algo.*

Tengo un amigo llamado Jason, y es el bajista de un artista cristiano. Pero también es el director de su gira, lo cual le hace tener dos empleos distintos. Por ejemplo, uno de ellos es tocar un instrumento en la plataforma, y el otro es asegurarse de que todos sepan a qué hora sale el autobús de la gira. Pero la verdad es que su presentación de la tesis es que él mantiene a todos alineados. Ha descubierto que es bueno haciendo eso. Así como un bajista es parte de la percusión y mantiene el ritmo, su llamado es ayudar a la gente a estar alineada.

Jesús era carpintero, *y era nuestro Salvador*. Jesús toma materiales en bruto y los convierte en cosas que importan. Jesús puede tomar algo roto y arreglarlo.

Los trabajos van y vienen. Tu llamado no.

Y no es porque tuviera dos empleos distintos. Son distintas expresiones de su llamado. Puntos distintos dentro de su tesis.

Los trabajos van y vienen. Tu llamado no. Ya sea ser madre o mentora, enseñar, cuidar, construir; no es lo que tú haces sino cómo lo haces.

Las maneras en que expresas tu llamado son distintas. Así que pídele a Dios que te ayude a encontrar las tuyas. Recuerda que hay muchos tipos distintos de regalos, pero Dios es la Fuente de todos ellos. No tengas miedo a probar una expresión distinta de tu llamado. No dejes que el miedo al fracaso te impida hacer lo que Dios quiere que hagas.

SÉ VALIENTE: *Trabaja en la redacción de una presentación de la tesis para tu vida. ¿Cuál dirías tú que es el tema de todos los empleos, sueños y oportunidades que has tenido en tu vida?*

Día treinta y cinco

>>> ─

MÚLTIPLES EXPRESIONES

Yo te busco con todo el corazón; no dejes que me desvíe de tus mandamientos.

—Salmos 119.10

Quizá has empleado estos últimos días para descubrir cuál es tu llamado. Quizá Dios te ha dado un cuadro claro y estás explorando cómo traducir eso a tu vida.

A medida que aclaras esto con el Señor, no escuches al enemigo cuando intente desanimarte. Escucha esto: tú no eres demasiado mayor para descubrir tu llamado, y no eres demasiado joven para haber tenido ya múltiples expresiones del mismo.

Antes de escribir y hablar, y esto de los libros, y los viajes, yo enseñaba en la escuela primaria. De hecho, es el trabajo con el que *siempre* soñé. Tengo claros recuerdos de segundo y tercer grado, particularmente de mi maestra Albers. Me *encantaba*. Recuerdo salir de tercer grado y pensar: *Esto es lo que yo quiero ser. Esto es lo que yo quiero hacer.*

Y casi de inmediato a partir de ese momento, perseguí ser maestra. Fui a la Universidad de Georgia, estudié Magisterio y después enseñé en la escuela primaria. Me *encantó*.

Me gustaba especialmente durante el invierno, cuando los diseños del tablón de anuncios eran asombrosos, y las fiestas…. lo sé, lo sé. Te asombra que fuera una maestra de las que «le gustan las fiestas». Es decir, imagino que también me gustaba que los niños aprendieran cosas. Me encantaba leerles libros en voz alta.

> *He tenido dos carreras a tiempo completo. Dos carreras muy distintas. Pero mi llamado siempre ha sido el mismo.*

Me encantaba estar en sus vidas cotidianas. Era un trabajo soñado. Mientras lo hacía, también era voluntaria con el grupo de jóvenes de mi iglesia local, y comencé a escribir todo un temario para ellos. Entonces, un día nuestro pastor de jóvenes se enfermó y me pidió que enseñara. Y todo eso creció como una bola de nieve hasta que tuve estas dos carreras compitiendo. Llegaba a casa de la escuela y escribía toda la noche, y bebía toda la cafeína de las cafeterías de camino a mi escuela al día siguiente.

Y sentía que Dios había puesto esta oportunidad delante de mí, y era como pensar: «Oye. Esto de escribir y de hablar. ¿Quieres probarlo?».

Así que Dios me preguntó si quería ser valiente, y dije que sí.

He tenido dos carreras a tiempo completo. Dos carreras muy distintas. Pero mi llamado siempre ha sido el mismo.

Creo que todos tenemos un llamado, pero se puede expresar de muchas formas. Un llamado. Múltiples expresiones. Sé valiente y explóralas.

SÉ VALIENTE: *¿Te está revelando Dios algunas formas distintas en las que podrías expresar tu llamado?*

Día treinta y seis

>>>>———

TRABAJA EN PIEZAS

Los planes bien pensados: ¡pura ganancia! Los planes apresurados: ¡puro fracaso!

—PROVERBIOS 21.5

Cuando yo enseñaba en la escuela primaria, soñaba con escribir libros. ¡No podía dejar de imaginarme escribiendo la historia de que quería contar historias! Después empecé un blog que me exigía valentía cada día para escribir.

Trabajé en esa pieza de mi rompecabezas.

Después escribí un estudio bíblico para un grupo de chicas de secundaria que venían a mi casa los lunes en la noche.

Esa fue la siguiente pieza.

Después, esas lecciones impresas se convirtieron en *Perfectly Unique* (Perfectamente única), un libro leído por miles de muchachas en todo el mundo. Y después llegó mi siguiente libro, *Speak Love* (Declara amor). Y después *Let's All Be Brave* (Seamos todas valientes). Y después *Looking for Lovely...* y después el que venga después de este (que prometo que no empezará por *L*).

Para llegar a cada una de esas piezas, tuve que ser lo suficientemente valiente para trabajar donde estaba. Aunque podía soñar más a lo grande o desear una situación distinta, sabía que lo que tenía que hacer era escribir y hablar ahí donde estaba, ser valiente en el sitio donde Dios me había puesto.

Y ahora estamos aquí. Tú y yo. Y estamos luchando contra el temor.

Entonces, ¿qué deberías hacer hoy?

Haz lo que tengas delante.

Haz lo que tengas delante.

Si tu sueño es ser algún día presidenta de tu propia empresa, no llegues tarde al trabajo cada día ahora que eres empleada. Haz tu mejor esfuerzo hoy, en cualquier lugar donde estés. Eso te llevará a la siguiente pieza.

Así como dice el versículo de hoy, la buena planificación y el trabajo duro conducen a la prosperidad. Si quieres disfrutar del fruto de trabajar en tu llamado, trabaja duro ahí donde estás hoy. Trabaja en piezas.

SÉ VALIENTE: *Mirando a tu vida ahora, ¿cuál es esa pieza de tu llamado que puedes ver expuesta?*

Día treinta y siete

¿DÓNDE TE PUEDE LLEVAR TU LLAMADO?

Al que puede hacer muchísimo más que todo lo que podamos imaginarnos o pedir, por el poder que obra eficazmente en nosotros.

—Efesios 3.20

Digamos que estás trabajando en una pieza de tu rompecabezas. Sabes cuál es tu llamado. Sabes que lo que estás haciendo ahora, ya sea profesionalmente o en tu tiempo libre, es trabajar en una pieza de algo mayor que te sientes llamada a hacer. Quizá sabes qué es ese algo. O quizá no. ¡O tal vez has cambiado de idea!

He perdido la cuenta del número de personas que conozco que han cambiado el enfoque de sus estudios en la universidad. O que fueron a la escuela buscando una cosa y terminaron haciendo otra totalmente distinta.

Lo bonito de tu llamado es que no tiene callejones sin salida. Incluso si no fuiste lo suficientemente valiente para perseguir tu última oportunidad, puedes ser valiente esta vez.

¿Dónde te puede llevar tu llamado? ¡Es ilimitado! Si no estás segura de cómo es esto en tu vida, sé valiente para reunir a algunas personas y decirles: «Oigan. ¡Ayúdenme, por favor!».

Uno de mis amigos de Nashville hizo esto. Ha sido músico toda su vida, pero no estaba seguro de seguir queriendo hacer eso, así que nos invitó a varias personas a su casa para cenar un día y decirle: «Estas son otras fortalezas que vemos en ti. ¿Qué tal si tu llamado tuviera que ver con_____. Algo como esto, y esto, y esto, y esto».

> *Lo bonito de tu llamado es que no tiene callejones sin salida. Incluso si no fuiste lo suficientemente valiente para perseguir tu última oportunidad, puedes ser valiente esta vez.*

No nos estaba pidiendo que le ayudáramos a encontrar su llamado. Nos estaba pidiendo que le ayudáramos a encontrar otras expresiones del mismo. Él conocía su llamado, pero ¿lo estaba haciendo por diversión o para ganarse la vida? ¿Qué otra cosa podría hacer?

Invitar a personas a estas preguntas más profundas de tu corazón puede asustar. ¿Qué tal si te dicen algo que no quieres oír? Sé valiente para escucharlo. Sé valiente para no estar de acuerdo.

¿Dónde te llevará tu llamado? Solo Dios lo sabe, y si eres valiente, pronto tú también lo sabrás.

SÉ VALIENTE: *Mientras descubres dónde podría llevarte tu llamado, ¿a quién podrías invitar a esta conversación? ¿En quién confías para poder contarle tus sueños e historias que pueda ayudarte a hacer una tormenta de ideas?*

Día treinta y ocho

>>>——————>

CUANDO TU LLAMADO
NO ES TU TRABAJO

Hagan lo que hagan, trabajen de buena gana, como para el
Señor y no como para nadie en este mundo.

—COLOSENSES 3.23

¿Qué tal cuando estás en un trabajo que no es lo que estás llamada a hacer para toda la vida? Hay veces en las que estás haciendo un trabajo que no es tu llamado. Quizá ni siquiera se acerca a tu llamado. Quizá sientes que cada hora que empleas en tu trabajo, estás haciendo lo contrario a tu llamado.

En esas situaciones, sigues estando llamada a ser fiel con tu trabajo, trabajando para el Señor y no para los hombres.

Yo he tenido empleos que no eran mi llamado. Quiero decir, trabajar en el Local Taco no era mi llamado (aunque estaba deliciosa la comida), pero tenía que conseguir dinero. Así que llegaba al trabajo a mi hora, hacía lo que tenía que hacer, lo hice lo mejor que pude hasta que dejé de trabajar allí, y aprendí muchísimo de esa experiencia.

Casi nadie pasa de darse cuenta de sus sueños a descubrir su llamado y llegar a hacer su trabajo de ensueño perfecto. Todas tenemos partes de nuestro trabajo que no son nuestras favoritas, pero tenemos que hacerlas.

Cuando aún estaba intentando averiguar cuál sería mi profesión, era muy pobre, quiero decir que apenas podía subsistir, y tenía que pedir dinero a mis padres, compartía el automóvil para ahorrar gasolina, o vendía cosas en la página de anuncios Craigslist. Y también lo hacían muchos de mis amigos. En ese entonces, muchos estábamos en los primeros pasos de nuestras carreras creativas, y esos primeros pasos parecían como arrastrar los pies en la fila para pedir comida con Oliver Twist. Yo cuidé niños. Trabajé en Taco. Acepté empleos que encontraba en el Internet para editar o copiar textos.

> *Casi nadie pasa de darse cuenta de sus sueños a descubrir su llamado y llegar a hacer su trabajo de ensueño perfecto.*

Estaba apurada. Y tenía que estarlo. Y nunca habría sido capaz de lograrlo, hacer lo que hago ahora, lo que me encanta, si no hubiera trabajado duro en esos empleos que no eran mi llamado.

Tienes que ser suficientemente valiente para ser fiel, incluso cuando no quieres serlo. Tienes que ser valiente para trabajar mucho ahora para una recompensa que no llegará hasta después. ¡Pero vale mucho la pena!

SÉ VALIENTE: *Haz algo en tu trabajo hoy que requiera un poco de valentía. Sugiere una nueva idea. Intenta algo creativo. Habla con alguien a quien por lo general evitas.*

Día treinta y nueve

>>>>———

ENCUENTRA TU LLAMADO EN TU TRABAJO

Por lo tanto, mis queridos hermanos, manténganse firmes e inconmovibles, progresando siempre en la obra del Señor, conscientes de que su trabajo en el Señor no es en vano.

—1 Corintios 15.58

Hablemos más sobre mi estancia en el Taco local porque, gracias a la buena comida mexicana, pude seguir operando en mi llamado allí (y comer deliciosos tacos de forma regular).

Si mi llamado es entretener a la gente el tiempo suficiente para que aprendan algo, ¡eso lo podía hacer en el Taco! Ayudaba a la gente a saber qué estaba rico y ordenar las opciones, todo mientras sentían que estaban hablando con una amiga. Simplemente era yo, haciendo el trabajo que tenía justo delante de mí.

Puedes ser tú misma dondequiera que estés. Y es tu decisión.

Por lo tanto, ¿eres lo suficientemente valiente para encontrar tu llamado en ese trabajo que no parece encajar muy bien contigo?

Digamos que tu sueño es ser enfermera. ¿Eres lo suficientemente valiente para decir: «Siempre he soñado con ser enfermera porque me encanta cuidar de la gente. Y aquí estoy, trabajando en un restaurante. Pero, mira, aun aquí puedo cuidar de la gente. No puedo salvar sus vidas, pero puedo cuidar de mis compañeros de trabajo y cuidar de mis clientes».

Puedes ser tú misma dondequiera que estés. Y es tu decisión.

¿Puedes mirar a la vida que tienes y encontrar formas en las que tu llamado ya está ahí, aunque tu trabajo no parece el que pensabas que sería?

No importa quién firme tus cheques, Dios cree en ti. Él cree en todas las formas en las que te creó única. Él cree en todos los sueños que borbotean en tu corazón. Él cree en tu capacidad para asirte del diminuto saliente que es tu siguiente llamado a la valentía.

Yo también creo en ti. Creo que escogiste este libro por alguna razón, y la idea de que tu vida pudiera ser distinta después de enfocarte durante 100 días en la valentía es importante para ti. Quieres ser valiente. En tu lugar intermedio, ese lugar entre tu pecho y tu columna vertebral, sabes que quieres ser valiente.

Puedes ser valiente y encontrar tu llamado al margen de cuál es ahora tu empleo y al margen de dónde pudieras trabajar en el futuro. Eres única, creada con un propósito, profundamente amada y llamada a ser valiente.

SÉ VALIENTE: *¿Puedes escribir unas cuantas razones por las que el trabajo que tienes hoy es el apropiado para esta etapa?*

Día cuarenta

>>> ————————>

TRABAJA DURO

Todo esfuerzo tiene su recompensa, pero quedarse solo en palabras lleva a la pobreza.

—Proverbios 14.23

Persevera. Trabaja duro. No seas débil.

Yo soy parte de la generación milenial. Y la gente, como suele hacer con todas las generaciones, nos ha estereotipado un poco. Entre lo bueno y lo malo, algo por lo que se conoce a los milenial es por no trabajar tan duro como lo hacían nuestros padres. Y escucha, tengo que ser sincera. No me gusta trabajar duro todo el tiempo.

No sé tú, y no sé de qué generación formas parte y por qué se le conoce a esa generación, pero no quiero alimentar esa idea de mi generación.

Quiero ser puntual. De hecho, quiero aparecer tres minutos antes. Cuando digo que estaré ahí, quiero estar ahí, sea lo que sea ese «ahí».

Nuestra nueva interina, Haile, comenzó el mismo día que se rompió el microondas de la oficina. No lo rompió ella, solo que llegó el día que el cristal frontal saltó en mil pedazos. Yo tenía una reunión esa tarde, y mientras salía, solo le mencioné: «Ten cuidado cuando andes por aquí. Lo limpiaré cuando regrese».

Cuando regresé a casa dos horas más tarde, Haile había limpiado todos los cristalitos. No era parte de su trabajo. No le pedí que lo hiciera. Tan solo vio un trabajo duro que había que hacer, y lo hizo. Y no estaba intentando impresionarnos en su primer día. Así es como Haile siguió comportándose todo el tiempo de su trabajo de prácticas (razón por la cual la contratamos cuando se graduó de la universidad).

Hagas lo que hagas, y te pidan lo que te pidan, trabaja duro.

Vi valentía en ella, para intervenir en un lío que ella no había creado y trabajar duro para limpiarlo. Me quedé impresionada. Aún lo estoy.

Consigues mucho cuando trabajas duro. Obtienes respeto. Mantienes tu trabajo. Obtienes una buena reputación. No siempre es divertido, pero es quien quieres ser, ¿no? ¿No quieres ser una persona conocida por trabajar duro?

Hagas lo que hagas, y te pidan lo que te pidan, trabaja duro. Realmente tiene su recompensa.

SÉ VALIENTE: *Trabaja duro hoy, amiga. En serio. Da más de lo que tienes, y verás lo que obtienes por ello.*

Día cuarenta y uno

>>>>----

CON QUIÉN VIVES TU VIDA IMPORTA TANTO COMO LO QUE HACES

El hierro se afila con el hierro, y el hombre en el trato con el hombre.

—Proverbios 27.17

Cuando estás escogiendo un trabajo o persiguiendo tu llamado, si abandonas a todas las personas que importan, entonces estás perdida en cuanto a cómo hacerlo bien.

Lo vemos constantemente, ¿verdad? La gente trabaja súper duro e invierte quince horas al día, pero no tienen amigos o llegan a sus casas para encontrarse con familias rotas.

Tenemos que ser lo suficientemente valientes para encontrar el equilibrio. Aunque haya presiones económicas (por lo general las hay, ¿cierto?). Aunque haya presiones en el trabajo. Tenemos que ser suficientemente valientes para equilibrar el trabajo y la vida porque necesitamos las relaciones.

En los primeros días de mi vida en Nashville, desarrollé un grupo de amigos que llegamos a ser como una familia. Todos teníamos muy pocos recursos (algunos dirían que estábamos en «bancarrota»), y todos queríamos estar juntos. Nadie quería comer solo, pero no nos podíamos permitir comer fuera.

Así que comenzamos una cena familiar.

Nuestro ritual de domingo comenzó siendo algo simple. Parecido al clásico cuento de *La sopa de piedras*, todos llevábamos todo lo poco que podíamos para formar una comida decente. Jason llevaba medio kilo de carne picada. Mientras Laura la hacía, Emily cortaba una cebolla. Hervíamos pasta y añadíamos zanahorias (gracias, Claire) y varias

> *Tenemos que ser lo suficientemente valientes para encontrar el equilibrio.*

verduras frescas (de Joel, que es un compositor famoso, así que tenía dinero para comprar verdura fresca). Y con mucha agua, esa sopa nos saciaba.

Evan hace el sándwich de queso caliente más sencillo de este lado del Mississippi. Gracias a Betsy, que llevaba un taco de queso cheddar; Marisa, que aportaba el pan; y mi sal de ajo, todos nos llenábamos el estómago.

Yo me relajaba en ese hueco familiar como si siempre hubiera sido mío. Y semana tras semana, comíamos juntos.

No siempre teníamos el grupo perfecto. Cuando llenas una familia de jóvenes artistas que persiguen sus sueños, las emociones tienden a crecer más de lo habitual (los creativos son famosos por eso) y algunos se pueden molestar. Había veces en las que los amigos se sentían desplazados o llegaban demasiadas personas, pero se les olvidaba llevar comida para compartir, así que no había suficiente para dar de comer a todos. Pero durante meses, nuestra tradición sobrevivió. Hacíamos hueco para el otro cada semana. Priorizábamos al otro, con nuestro tiempo, nuestro dinero y nuestra despensa.

Amigas, todas necesitamos eso. No dejes que el hecho de perseguir tus sueños o de maximizar tu llamado te impida invertir en las relaciones. Comparte tu vida con otros.

SÉ VALIENTE: *Ve a comer con alguien hoy. Llama a un amigo. Pon un mensaje a tu familia. Busca a alguien con quien salir a dar un paseo, y comparte tu historia con esa persona.*

VALENTÍA
SUFICIENTE PARA
AMAR A OTROS

Se necesitan agallas

para amar.

Día cuarenta y dos

>>>>————→

LAS PERSONAS
VALIENTES NECESITAN
A LAS PERSONAS

Más valen dos que uno, porque obtienen más fruto de su esfuerzo. Si caen, el uno levanta al otro. ¡Ay del que cae y no tiene quien lo levante!

—Eclesiastés 4.9-10

Un cuatro de julio, yo estaba exactamente a una semana de mudarme de Nashville a Edimburgo (Escocia). Estaba terriblemente triste por irme de mi comunidad. Sabía que Dios había dicho que fuera a Edimburgo. Sencillamente estaba afectada por dejar a mi gente.

Así que ese día soleado de julio pasamos el día en grupo tirándonos en el neumático por el río Buffalo. Nos reíamos con la gente que se caía al darse la vuelta el neumático en los rápidos, y habíamos llevado comida suficiente como para llegar a Florida y no tener ni hambre ni sed. Comenzó a llover, y nos volvimos a reír a medida que veíamos que todo el esfuerzo que habíamos puesto en que no se mojaran las cosas no había servido para nada. Fue uno de esos días para enmarcar, de esos que les cuentas a tus hijos.

Regresamos a casa justo a tiempo para recoger y reagruparnos de nuevo para ir a ver los fuegos artificiales. Caminando hacia el estacionamiento con la idea de conseguir un buen lugar desde donde ver los fuegos artificiales, éramos una ameba de amistad, un amasijo de gente. A mi izquierda Curt, director de producción de una banda local y uno de los hombres más responsables y buenos en mi vida. A mi derecha Lyndsey, una escritora fantástica y una de mis mejores amigas.

A medida que las lágrimas comenzaban a amontonarse en mis pestañas inferiores, puse mi mano izquierda en el codo derecho de Curt. Sonreímos. Las lágrimas caían lentamente por mis mejillas. Si había una forma de detenerlas, yo no la conocía y no podía pensar con claridad en esos pasos. Le dije a Lynds: «Dame la mano». Y caminamos, los tres, unidos por mi dolor, para ver un espectáculo de fuegos artificiales.

Sabía de todo corazón que Dios quería que me mudara, pero me dolía dejar a mi gente. A pesar de lo triste que fue esa parte de mi vida, no la cambiaría por nada del mundo.

Es más fácil tener una relación con tu lista de Netflix. ¿Por qué? Porque no tienes que decir ningún doloroso adiós. No tienes fricción alguna con tus programas de Netflix. Si no te gusta un programa, lo dejas. Pero la amistad requiere trabajo. La amistad demanda valentía.

> *La amistad requiere trabajo. La amistad demanda valentía.*

Todos necesitamos a las personas. Tienes que ser valiente y permitirte amar a otros. Y para tomar decisiones valientes, tienes que tener el apoyo de tu propia ameba de amistad.

SÉ VALIENTE: *Envía una carta a un amigo que haya estado a tu lado antes. Agradéceselo. Dile a tu amigo o amiga lo mucho que significa para ti.*

Día cuarenta y tres

>>>——

TU FAMILIA

Nos predestinó para ser adoptados como hijos suyos por medio de Jesucristo, según el buen propósito de su voluntad.

—Efesios 1.5

Cada familia tiene sus propias características, fortalezas y dolores. Para muchas personas, amar a tu familia, o simplemente estar en tu familia y *punto*, puede exigirles mucha más valentía que cualquiera de las demás relaciones juntas.

Pero Dios hace la familia de manera perfecta. Él nos adoptó en su familia, con fallos y a menudo enfermos, por medio de Jesús. Él nos ama incluso cuando es difícil amarnos. No significa que tengamos que ser la familia perfecta, sino solo que se nos trata y cuida de manera perfecta en *su* familia.

Por lo tanto, ¿qué significa ser valiente en tu familia? Significa que puedes ser lo suficientemente valiente para amar bien a tu familia incluso aunque tu familia no siempre sea saludable. Significa que puedes ser lo suficientemente valiente para estar en la familia, y amar a la familia, y para crear familia.

Hay un libro estupendo llamado *Hillbilly Elegy*, y si no lo has leído aún, no es posible. Tienes que hacerlo pronto, por favor. Es una historia acerca de un tipo que se crió en la zona rural de los Apalaches y terminó yendo a Yale y creando una vida exitosa. Rompió la norma generacional y creó algo nuevo.

Pero una de las lecciones para mí de ese libro (porque siempre estoy pensando en la valentía, ¿cierto?) fue: ¡Caramba! Este hombre no procedía de una familia saludable (aunque hace un buen trabajo al honrarles en su libro), pero fue lo suficientemente valiente para construir la suya propia. Tiene una esposa e hijos... Creo que tiene hijos. Al menos sé que tiene perros.

> *Puedes ser lo suficientemente valiente para amar bien a tu familia incluso aunque tu familia no siempre sea saludable.*

Lo que quiero decir con esto es lo siguiente: ¿eres lo suficientemente valiente para formar una familia aunque hayas tenido problemas en tu familia nuclear?

¿Y cómo sería si amases a tu familia aunque te hayan lastimado? Cada situación es distinta, por supuesto. A veces la mejor forma de amar a ciertos familiares es desde la distancia.

¿Cómo sería esto en tu caso? Es seguir el ejemplo de Dios, que vive y respira perdón y gracia. Es pedirle sabiduría con esas personas de tu familia que te desconciertan. Ora por la valentía para quedarte en tu familia y amarlos así como son, como Dios te ha amado a ti.

Sé valiente: *Llama a alguien de tu familia. Dale las gracias a esa persona por su amor y apoyo durante los años. Quizá la familia es algo complicado para ti; lo entiendo. Entonces, llama a alguien que haya sido como familia para ti.*

Día cuarenta y cuatro

TUS AMIGOS

Ámense los unos a los otros con amor fraternal, respetándose
y honrándose mutuamente.

—ROMANOS 12.10

¿Recuerdas cuando te hablé en el Día 41 sobre mis «cenas familiares» con mis amigos? Bueno, nuestro grupo de cena familiar llevaba años sin reunirse, pero muchos nos encontramos el diciembre pasado, alrededor de platos de chili y mesas, sofás, historias y risas.

Somos más que hace siete años gracias a algunas incorporaciones estupendas de cónyuges e hijos, pero fue como si no nos hubiéramos desconectado en absoluto. Las conversaciones duraron horas, las amistades fueron cultivadas de nuevo, y consumimos mucha comida. Durante los siguientes días, muchos hablamos de lo mucho que necesitábamos esa noche; de la longevidad de las amistades y la historia que teníamos juntos.

Sé que parezco un disco rayado con esto, pero tú *necesitas amigos.* Yo necesito amigos. Ellos te necesitan a ti.

Tienes que ser valiente y dejar que la gente se acerque a ti lo suficiente y pueda decirte las cosas. El regalo de la comunidad es muy dulce, pero tienes que ser valiente y bajar tus defensas para desarrollar esas relaciones en tu vida.

Romanos 12.10 nos habla de deleitarnos al mostrarnos honor. Ama como si eso te cambiara. Les cambiará a ellos.

> Tienes que ser valiente y dejar que la gente se acerque a ti lo suficiente y pueda decirte las cosas.

Comer chili con viejos amigos en Navidad fue genial. Eso que nos unía, sea lo que fuera que mantenía unido a un grupo de amigos solteros pobres para cenar los domingos por la noche durante esos años, sigue aquí. Seguimos siendo nosotros. Y yo soy una mejor Annie por esos seres humanos y esas cenas. Mi copa está rebosando.

Estoy muy agradecida de que ellos fueran lo suficientemente valientes para dejarme entrar en sus vidas y de que yo fuera lo suficientemente valiente para dejarles entrar en la mía.

Sé valiente: *Agarra el teléfono y llama a una amiga o amigo a quien no hayas visto en mucho tiempo.*

Día cuarenta y cinco

>>>→

NOVIAZGO Y
MATRIMONIO

Confía en el Señor de todo corazón, y no en tu propia inteligencia. Reconócelo en todos tus caminos, y él allanará tus sendas.

—Proverbios 3.5-6

Estaba de pie en el baño de invitados de mis amigos Rob y Emily, preparándome para una cita a la que no quería ir. Rob estaba viendo el golf, y yo estaba maquillándome e intentando ordenar mis cuatro mil millones de cabellos en un peinado que fuera actual.

Mientras seguía preparándome, Rob me hacía muchas preguntas: ¿Quién es el tipo? ¿Cómo lo conociste? ¿Por qué dijiste que sí?

Antes de que terminara el interrogatorio, yo estaba llorando.

No quería ir a esta cita. Hacía pocas semanas que había dejado de salir con un chico maravilloso, y «volver a estar ahí» me parecía como poner sal en una herida con la intención de curarla.

Pero dije que sí. Fue una cita buena. Tuvimos una buena conversación, y él pensó que yo era muy divertida, así que eso siempre se quedará en mi corazón. Nunca volvimos a salir.

Tener una cita con un conocido no lo arregló todo. Aún seguía triste. No produjo sanidad, pero me hizo bien: saber que la vida iba a continuar. Yo iba a estar bien.

He estado en citas malas, y he estado en citas geniales que se convirtieron en amistades. Y por supuesto hay personas y momentos que traen dolorosos recuerdos a la memoria, pero nunca he lamentado ser lo suficientemente valiente para volver a salir e intentarlo.

Si no estás casada aún, ten citas. En serio. Atrévete, amiga. Tan solo tienes que proponértelo, incluso aunque te dé miedo o sea algo desconocido.

> *Nunca he lamentado ser lo suficientemente valiente para volver a salir e intentarlo.*

Aprenderás cosas sobre el amor y la personalidad de Dios de la amistad, las citas y el matrimonio, y el temor intentará impedir que des tu corazón en esas relaciones. No dejes que el temor gane.

Amigas casadas, sigan siendo valientes en su matrimonio. Den gracia a sus cónyuges. Sean lo suficientemente valientes para ser abiertas y comunicar sus sentimientos. No dejen que los años de heridas y dolor pongan un muro entre ustedes. No huyan cuando se sientan rechazadas.

Sean lo suficientemente valientes para seguir con ello. Suficientemente valientes para perdonar y ser perdonadas.

SÉ VALIENTE: *Oh, esto les va a encantar. Amigas casadas, pidan a sus esposos una cita. Amigas solteras, pídanle a alguien ir a tomar café, como a alguien que pudiera llegar a ser alguien. Sean valientes. ¡Háganlo! Es solo café.*

Día cuarenta y seis

>>>>

TU IGLESIA

El amor es paciente, es bondadoso. El amor no es envidioso ni jactancioso ni orgulloso. No se comporta con rudeza, no es egoísta, no se enoja fácilmente, no guarda rencor. El amor no se deleita en la maldad, sino que se regocija con la verdad. Todo lo disculpa, todo lo cree, todo lo espera, todo lo soporta.

—1 Corintios 13.4-7

No sé dónde estás en cuanto a tu caminar en la iglesia y la historia de tu iglesia. Quizá comenzaste a seguir a Jesús recientemente y la iglesia es aún lo mejor. Estoy muy contenta por ti, pero esta es la realidad. Al igual que cualquier relación, tú y la iglesia tendrán tiempos difíciles. Como cualquier relación, en algún momento los humanos fallidos que dirigen tu iglesia te decepcionarán, y tendrás que poner en acción el amor de 1 Corintios 13.

¿Sabes por qué la iglesia es tan difícil? Por los humanos. Hay. Muchos. Humanos.

Mi iglesia local recientemente pasó por una situación difícil, y para ser sincera, mis sentimientos estaban desparramados. No quería quedarme.

Una vez le pregunté a mi amigo el pastor Scott Sauls qué ocurre cuando te quedas en una iglesia aunque estés dolida o te parezca difícil. Él me dijo: «Lo que ocurre es que creces».

Vaya.

Parte de ser cristiana es luchar con las Escrituras y luchar con las relaciones. Si nos desconectamos de la iglesia local, ni siquiera luchamos. Perdemos la oportunidad de luchar por dentro para poder amar bien por fuera.

> *¿Sabes por qué la iglesia es tan difícil? Por los humanos. Hay. Muchos. Humanos.*

Cuando estamos fuera de nuestra comunidad cristiana, estamos llamados a amar bien. A mejorarnos unos a otros en la amabilidad. A poner a otros antes que a nosotros. Si nos desconectamos de nuestra iglesia, nos estamos desconectando de nuestra familia de creyentes, nuestro sistema de apoyo.

Los cristianos valientes se mantienen conectados a su iglesia, y las personas valientes están dispuestas a seguir conectadas, aunque las cosas se pongan difíciles.

SÉ VALIENTE: *Este domingo, ve a la iglesia. Si no conoces ninguna buena, llama a alguien y pregúntale. Si te han lastimado, vuelve de igual modo a la que conoces o a una que no conozcas. Pero entra por la puerta y ve lo que ocurre después.*

Día cuarenta y siete

>>>> ➤

ENCUENTRA A ALGUIEN QUE SEA TU MENTOR

El que con sabios anda, sabio se vuelve; el que con necios se junta, saldrá mal parado.

—Proverbios 13.20

Encontrar a alguien que sea tu mentor parece una idea un tanto miedosa, pero realmente no lo es. No hay ninguna ceremonia de mentoría extraña con alfileres, máquinas de humo y compromisos de por vida. Realmente no tiene que ser así de intenso.

Pero se necesita valentía para ponerse ahí y pedirle a alguien que te imparta algo de su sabiduría. La gente está muy ocupada en estos tiempos. Sé que yo lo estoy. Me apuesto algo que tú también.

¿Eres lo suficientemente valiente para pedírselo a alguien?

Solo para calmar un poco tus temores, esto es lo que *no* hay que hacer a la hora de buscar a alguien que sea tu mentor: te acercas a alguien y le dices: «Usted es mi mentor o mentora» o «Dios me dijo que usted es mi mentor o mentora».

No. Por favor, no.

Te lo simplificaré mucho. Encuentra alguien a quien respetes en tu vida que esté dos o tres pasos por delante de ti, alguien con quien puedas ir a cenar y hacerle las preguntas difíciles.

No tienes que etiquetar a alguien de *mentor o mentora* para que esa persona te dé mentoría. No tiene que ser una sola persona que se convierta en una especie de gurú. Y no tiene que ser un compromiso quincenal.

> *Se necesita valentía para ponerse ahí y pedirle a alguien que te imparta algo de su sabiduría.*

Puedes tener múltiples mentores para distintas áreas de tu vida. Mentoría para el trabajo. Mentoría familiar. Mentoría para el llamado.

No te dé vergüenza preguntar porque sientas que serás una carga.

Yo he pasado mucho tiempo de mi vida adulta siendo mentora de estudiantes universitarios, y me encanta. Durante mis etapas de mentoría, discipulado y salir con jóvenes adultos de forma regular, fui la Annie más feliz y más realizada del mundo.

Tendrás muchos beneficios al invitar a mentores a tu vida, pero ellos también. Ser usadas por Dios de esa forma es un honor.

Así que sé valiente. Pregunta. No lo conviertas en la gran cosa. No le pidas a una persona que sea tu gurú. Pero invita a las personas y aprende de su sabiduría.

SÉ VALIENTE: *Invita a una persona mayor y más sabia a tomar café contigo esta semana.*

Día cuarenta y ocho

>>>———→

TU VIDA EN EL INTERNET

Ustedes son la luz del mundo. Una ciudad en lo alto de una colina no puede esconderse. Ni se enciende una lámpara para cubrirla con un cajón. Por el contrario, se pone en la repisa para que alumbre a todos los que están en la casa. Hagan brillar su luz delante de todos, para que ellos puedan ver las buenas obras de ustedes y alaben al Padre que está en el cielo.

—MATEO 5.14-16

Tienes un email sigue siendo mi película favorita. Quizá se debe a que el personaje principal tiene una pequeña librería, o quizá es el excesivo uso de luces brillantes, margaritas, pañuelos de papel y faldas por la rodilla, pero si esa película la ponen en la televisión, no puedo dejar de verla.

Cuando salió por primera vez, la idea de conocer a alguien por el Internet era tan extraña y espeluznante que forjó un nuevo territorio. Eso ya no es así. El Internet nos mantiene unidos, y yo estoy agradecida. En sus días de mejor compostura, he visto el Internet como la cuerda que mantiene unidas viejas amistades que de no ser por ello se hubieran roto.

El versículo de hoy trata sobre ser la luz del mundo. Debemos ser luz dondequiera que vayamos, incluso en el Internet.

Antes de comenzar a escribir libros, empecé como bloguera (anniefdowns.com/blog). Cuando comencé, conocía a cinco personas con un blog. Acababa de empezar a escribir para esas cinco personas. Para mis amigas, comencé a contar historias de mis días en las aulas como maestra de escuela primaria, mis experiencias en la iglesia, y las cosas ridículas que parecen ocurrirme muy a menudo. Y cuando me quise

> *Debemos ser luz dondequiera que vayamos, incluso en el Internet.*

dar cuenta, personas desconocidas estaban leyendo lo que yo escribía.

La audiencia de mi blog había visto mi vida desplegada de primera mano, y mi luz, aunque a veces es vaga y a menudo tenue y con fallos, ha brillado sobre la ciudad de personas que acuden a mi página web cada vez que escribo algo en el blog. Y Dios es glorificado, incluso en mis errores. Los lectores realmente no tienen que conocerme para poder experimentar a Dios a través de mi vida.

El medio no importa. Facebook. Twitter. Blog. Instagram. Pinterest. (¡Soy @anniefdowns en todos los sitios si quieres conectarte!). Tienes muchas oportunidades de compartir la luz, de compartir a Dios, de darlo a conocer a la gente que escucha tu voz. Pero el Internet no es exactamente un lugar que reciba bien a Cristo. Se necesita valentía para compartir tu fe y ser una luz para Jesús, ya sea que estés en el Internet o no. Tenemos que ver la tecnología como herramientas que Dios nos dio para glorificarlo a Él, sea como sea y al margen de cuántos individuos nos dejen de seguir. Seamos valientes con nuestras plataformas en el Internet.

SÉ VALIENTE: *Toma una foto de la portada de este libro, y ponla en tu espacio en las redes sociales. Ofrece a tus amigos poder unirse a ti en este desafío de 100 días. Asegúrate de usar el hashtag #valentiaen100dias*

Día cuarenta y nueve

>>>———————

TUS PALABRAS
IMPORTAN

Dios, en el principio, creó los cielos y la tierra. La tierra era un caos total, las tinieblas cubrían el abismo, y el Espíritu de Dios se movía sobre la superficie de las aguas. Y dijo Dios: «¡Que exista la luz!» Y la luz llegó a existir.

—Génesis 1.1-3

Si volvemos al libro de Génesis, donde comenzó el mundo, vemos que Dios lo empezó todo con palabras. Él habló, y las cosas empezaron a existir. Luz. Tierra. Reptiles. Todo con una palabra. Y somos creadas a su imagen.

Dios fue lo suficientemente valiente para crearte, lo suficientemente valiente para crearme, lo suficientemente valiente para hacer humanos que le romperían el corazón.

Proverbios 18.21 nos dice que en nuestra lengua está el poder de la vida y de la muerte, de lo cual hablamos en el Día 12. Veo eso en mi vida. Veo eso en mis amistades. Lo veo en los recuerdos de cosas pasadas que me dijeron.

Si hay semillas de valentía viviendo en todas nosotras, esperando florecer, las palabras son el sol y el agua que cuidan de esas semillas hasta su plenitud.

Una primavera hace unos años atrás, presioné a unas diez de mis amigas para que compraran una subscripción mensual para un programa de entrenamiento físico. Nos íbamos a poner en forma antes del verano aunque nos costase la vida.

(Hay que decir que casi me costó la vida).

No era un programa regular. Era un programa en la calle a las 5:00 de la mañana que estaba a unos veinte minutos de nuestro vecindario. Así que cada una nos teníamos que despertar a las 4:00 de la mañana y después hacer ejercicio antes de que incluso amaneciera.

> *Si hay semillas de valentía viviendo en todas nosotras, esperando florecer, las palabras son el sol y el agua que cuidan de esas semillas hasta su plenitud.*

A medida que avanzaba el mes, la maestra se dio cuenta de un par de cosas acerca de mí: (1) no me gustaba estar ahí, y (2) casi siempre soy la payasa de la clase.

Así que en la típica conducta entre maestra contra la payasa de la clase, ella empezó a ponerme al frente de la fila o a llamarme para dirigir los estiramientos, o me miraba fijamente muy a menudo. Lo odiaba. Aunque me gusta mucho ser el centro de atención, no lo prefiero cuando estoy haciendo ejercicio. *Déjeme tranquila y déjeme hacer mis cuarenta sentadillas en paz, señora.*

En uno de los últimos días del programa, tuvimos que hacer un recorrido de obstáculos. Como solía ocurrir cada día, yo era la última en terminar. El final del recorrido era un sprint alrededor de unos conos mientras sosteníamos una pelota con peso. Comencé, y la maestra corrió a mi lado, gritándome en los oídos a pleno pulmón.

«¡Tú puedes hacerlo, Annie! No te rindas ahora. ¡Estás muy cerca! ¡Hace unos días no hubieras llegado hasta aquí! ¡Termina bien!».

Por mucho que me cueste admitirlo, funcionó. Sus palabras en mis oídos me dieron ese empuje extra que necesitaba para terminar el recorrido, subirme a mi automóvil y no volver nunca a ese programa.

(Es broma. Volví para hacer los dos últimos días).

Mi punto es que las palabras importan. Dios quiere que uses tus palabras para animar y declarar vida. Pídele la gracia para hacerlo, y busca oportunidades de ser valiente, hablar verdad y amor a un mundo roto.

Sé valiente: *¿A quién puedes animar hoy? ¿Quién necesita saber que les estás animando? ¡Hazlo!*

Día cincuenta

>>>> ——————————

CUANDO LAS
RELACIONES CAMBIAN

A las montañas levanto mis ojos; ¿de dónde ha de venir mi ayuda? Mi ayuda proviene del Señor, creador del cielo y de la tierra.

—Salmos 121.1-2

Todas las relaciones cambian. Esa es la cruda realidad, la cual requiere por completo que alce mis ojos y deje que el Señor me ayude en ella. Porque, honestamente, no me gusta el cambio.

Como chica soltera, he tenido varias rupturas, y nunca son divertidas. Estés en el lado que estés de la ruptura, duele. Crees que si es a ti a quien han dejado, la otra persona está bien, pero si alguna vez has sido tú la que lo has dejado, sabrás que no es así.

Las rupturas son feas y tristes y causan un dolor único. Podemos hablar con todas las partes hasta que hayamos oído todos los detalles de él dijo/ella dijo, reales o inventados, y aun así el dolor seguirá ahí.

Pero ¿sabes de lo que no hablamos lo suficiente? De cuando las amistades se rompen.

De todas las rupturas románticas de mi vida, ninguna llega a doler tanto como duele romper con tu mejor amiga. No sabía que pudiera existir un dolor como ese. Fue descorazonador, pero de una manera totalmente terrible.

Y después que se asentaron los posos, no sabía con quién hablar y no sabía qué sentir y no sabía cómo llamar a lo que acababa de suceder. ¿Qué haces cuando las cosas se rompen con tu persona?

Levantas los ojos a Dios, tu Ayudador. Tu Consolador. Tu Padre. Tu Amigo.

> *De todas las rupturas románticas de mi vida, ninguna llega a doler tanto como duele romper con tu mejor amiga.*

Jesús se interesa y lo entiende. Él permitió que su relación con su Padre se rompiera por ti. Él puede identificarse contigo.

Puede sonar a cliché, pero créeme. Yo lo estoy haciendo *hoy*. Estoy decidiendo confiar en Dios y su corazón, y en que sus ojos siguen en esto, aunque sienta que una amistad está cambiando de formas que no había anticipado. Es un poco doloroso, asusta un poco, pero confiar es la elección valiente.

Si tu relación está cambiando de una forma que es dolorosa, no intentes disipar el dolor. Sé valiente para dejar que Jesús entre en los lugares rotos.

SÉ VALIENTE: *¿Ves una relación en tu vida que está cambiando? Escribe sobre ella. Pídele a Dios que te muestre dónde está Él en medio de este cambio.*

VALENTÍA
SUFICIENTE
PARA ENFRENTAR
EL CAMBIO

El cambio siempre llega.

Día cincuenta y uno

>>>>———

EL CAMBIO SIEMPRE
SE PRODUCE

Toda buena dádiva y todo don perfecto descienden de lo alto,
donde está el Padre que creó las lumbreras celestes, y que no
cambia como los astros ni se mueve como las sombras.

—Santiago 1.17

Todo lo que tienes, desde tu salud a tus amistades o el techo sobre
tu cabeza o la comida en tu panza, es un regalo de Dios. E incluso
tenemos algo más por lo que ser agradecidas: ¡que Dios no cambia!
Me encanta eso de Él.

Podemos aferrarnos a nuestro Dios que nunca cambia y estar bien
porque, en todas las demás áreas, el cambio está bastante garantizado.
¿Y sabes qué? Las personas valientes están dispuestas a soltar todo al
aferrarse a Dios, incluso cuando las cosas comienzan a cambiar.

En los últimos tres meses he visto el mayor cambio en mi vida
personal y profesional que he tenido. Para mi consejera, he escrito de
todas las personas que han sido estrellas polares (ya sabes, una persona que es importante para ti y que te guía) que han dejado mi vida en
los últimos tres meses, y el número es siete. Siete.

¿Y sabes qué? Está bien.

Si escogiera vivir en un mundo donde odiara el cambio siempre, me sentiría terriblemente mal. Si escogiera poner todas mis esperanzas en la gente, sería una desgraciada. (He intentado ambas cosas. Y siempre es horrible).

> *Las personas valientes están dispuestas a soltar todo al aferrarse a Dios, incluso cuando las cosas comienzan a cambiar.*

No me gusta el cambio, pero sé que Dios siempre está obrando para mi bien. Así que puedo decir: «¡Vaya, esto es lo peor!», pero tengo un Dios totalmente fiable que me cuida.

¿Necesita Dios un recordatorio de que tiene todo esto bajo control? No, amiga, no lo necesita. Tú sí. Yo también. Todos lo necesitamos.

¿Recordar que Él es el jefe y que sus planes son para nuestro bien y que nos ama? Eso puede hacernos valientes, aún cuando todo lo que nos parecía seguro parezca estar cambiando.

Sé valiente: *Escribe unos cuantos cambios que hayas visto en tu vida últimamente. ¿Cómo estás viendo a Dios usar esos cambios para moldearte?*

Día cincuenta y dos

>>> ———

PREPÁRATE PARA EL CAMBIO

Jesucristo es el mismo ayer y hoy y por los siglos.

—Hebreos 13.8

Nunca nos asombramos cuando cambian las estaciones. Cuando el verano se convierte en otoño no me sorprendo. ¿Por qué? Porque miro el calendario y veo el patrón de las estaciones y veo los anuncios que me dicen que *me compre unas botas*. Me puedo preparar. Me preparo. Cuando llega el invierno, nos aseguramos de tener botas y un abrigo, ¿verdad? Porque siempre estamos preparadas para ese cambio.

¿Podemos hacer también eso en nuestra vida física, emocional y espiritual?

Estoy a punto de entrar en una estación que quedó bastante definida por el cambio. Durante todo el verano, el Señor era como si me dijera: «Viene un cambio… viene un cambio».

Incluso lo escribí en mi diario. Varias veces.

Y a medida que han pasado las estaciones, he pensado: *Vaya. Eres realmente bueno conmigo, Dios.* Estaba mentalmente preparada para el cambio, porque Dios me dijo que lo estuviera, así que cuando realmente llegó el cambio no me entró el pánico.

Y en todo esto, ¿dónde entra en juego nuestra valentía?

Mira el versículo de hoy. Venga el cambio de donde venga, Jesús nunca cambia. Podemos ser valientes porque Jesús es constante, incluso cuando nuestras circunstancias no lo son.

> *Así como las estaciones cambian en la tierra, van a cambiar en mi vida.*

Yo necesito ese recordatorio, que así como las estaciones cambian en la tierra, van a cambiar en mi vida. Y cuando empiezo a sentir ese pequeño atisbo de cambio, como los primeros síntomas del otoño o el primer día caluroso del verano que siempre llega después de la primavera, tengo que prepararme y verlo llegar y saber que todo es parte del viaje.

¿Cómo te preparas?

Pasa tiempo en la Palabra de Dios. Pasa tiempo hablando con Él: el Inmutable. Confía en Él, mantén tus ojos en Él, y recorre el camino. Deja que las estaciones cambien, y deja que tu corazón cambie con ellas.

SÉ VALIENTE: *Escribe una oración a Dios, agradeciéndole que Él no cambia.*

Día cincuenta y tres

>»»—

LAS PEQUEÑAS
DECISIONES IMPORTAN

Cada uno cosecha lo que siembra.

—GÁLATAS 6.7

Cuando pasas por un cambio, las pequeñas decisiones importan. Ir al gimnasio varias veces por semana no cambiará tu vida de inmediato, pero sí importa. Ir al gimnasio incluso una sola vez por semana probablemente no parezca una decisión valiente, pero lo es, porque un pequeño sí puede ser un paso en la dirección correcta, aunque no sea un salto.

Es importante tomar pequeñas decisiones buenas cuando estás en medio del cambio porque importan.

Mira, las pequeñas decisiones no nos hacen sentir muy valientes en el momento. Cuando piensas en ser valiente, probablemente piensas en un salto de gigante. Grandes gestos. Eso claramente es valentía. Pero también es valentía ser intencional para tomar pequeñas decisiones saludables, porque va contra nuestra naturaleza humana dedicar esfuerzo a cosas que aparentemente son insignificantes.

La manera cobarde de vivir es desconectarte, que no te importe, decir: «No importa…». Es valiente tomar pequeñas decisiones con el cuadro general en mente.

Pequeños síes llevan a grandes síes.

Mirar la importancia de las pequeñas decisiones desde otro ángulo, decir pequeños noes por el camino te permite hacer grandes cosas. Decir pequeños noes que te dan un poco de espacio en tu vida permite que otras cosas crezcan.

Es como un jardín. No puedes decir sí a cada semilla. Solo puedes plantar ciertas cosas porque si dices sí a todas las semillas disponibles, no habría espacio para que crecieran las cosas.

Cuando miras tu vida, ¿cuáles son las partes de ella que si crecieran darían gloria a Dios? ¿Qué te satisface? ¿Qué es saludable para tu corazón? Hazle a Dios esas preguntas. Y al mirar hacia fuera y ver el cuadro general de tu vida, no tomes las pequeñas decisiones a la ligera.

Un pequeño sí puede ser un paso en la dirección correcta, aunque no sea un salto.

SÉ VALIENTE: *Toma una decisión importante hoy, una conversación, una comida, un email. Haz algo pequeño valiente hoy y ve cómo eso cambia tu día.*

Día cincuenta y cuatro

>>>———→

DI SÍ

El justo vive confiado como un león.

—Proverbios 28.1

*D*ecir sí lo cambia todo. Entrar por la puerta, estar de acuerdo en el momento. A veces es lo único que se necesita para mostrarte el siguiente gran sí. Yo dije sí a ser interina en la UGA. Dije sí a mudarme de regreso a Marietta. Dije sí a Nashville. Dije sí a Escocia. Dije sí al ministerio universitario en Nashville al volver de Escocia, de una forma parecida a un ciclo de vida.

Tenemos que decir sí. Incluso cuando da miedo o es costoso o desconocido. No metemos la pata diciendo sí a las cosas incorrectas; metemos la pata cuando dejamos que todos los flotadores de la atracción pasen por nuestro lado y nunca nos subimos a uno para dar paseo hasta el final.

Mudarte a India para comenzar un orfanato siendo soltera. Dejar tu carrera de concertista para unirte a un grupo con el éxito no garantizado. Dejar la vida que conoces siendo soltera para casarte.

Ya has oído antes que decir sí a una cosa es decir no a todas las otras. Es cierto, creo. Si digo sí a una cena de sushi con mis jugadores de béisbol de Vanderbilt, estoy diciendo no al mexicano con mis amigos. Si digo sí a una ciudad, cita o amiga en necesidad, estoy diciendo no a todas las demás opciones.

Si los síes dan miedo, consuélate sabiendo que si estás buscando a Dios, si le estás pidiendo que te dirija, Él te oye ¡y está haciendo justamente eso! Si estás viviendo en obediencia a Él, y Él trae las oportunidades a tu vida, puedes confiar en que Él cuidará de ti cuando digas sí.

> *Di sí a las situaciones que te estiran, y te asustan, y te exigen ser mejor de lo que crees que puedes ser.*

Di sí al gimnasio. Di sí a la puerta abierta. Di sí a las situaciones que te estiran, y te asustan, y te exigen ser mejor de lo que crees que puedes ser. Di sí a los momentos que llegarán solo una vez. Di sí a servir. Di sí a Jesús siempre, en cada oportunidad que tengas.

SÉ VALIENTE: *Di sí a algo pequeño hoy: una petición de una amiga, una inquietud del Señor, una invitación a un evento, una decisión saludable para ti.*

Día cincuenta y cinco

>>>> ———————→

DI NO

Pero, aun si nuestro Dios no lo hace así [rescatarnos], sepa usted que no honraremos a sus dioses ni adoraremos a su estatua.

—Daniel 3.18

Quizá me hayas oído hablar sobre esto antes, pero me conmueve mucho la historia de Sadrac, Mesac y Abednego en Daniel 3. Estos jóvenes israelitas fueron tomados como esclavos cuando eran adolescentes y llevados a Babilonia con Daniel.

En Daniel 1 los vemos decir no a carnes y ricas comidas durante diez días, y al final, ser honrados por su fortaleza, especialmente tras comer mucho menos que los demás soldados que estaban siendo entrenados.

Años después, estos jóvenes eran administradores de toda Babilonia, y Daniel trabajaba en la corte real. El rey Nabucodonosor mandó construir una inmensa estatua de oro, de noventa pies (30 metros) de altura por nueve pies (3 metros) de anchura. Y después decidió que todos los ciudadanos tenían que postrarse ante la estatua y adorarla siempre que sonara la música, y todo aquel que no lo hiciera sería arrojado al horno de fuego.

Nuestros amigos adoraban al único Dios verdadero y no tenían interés alguno en postrarse ante nadie más. Dijeron no cuando el resto de la gente dijo sí.

¿Te imaginas esa valentía? ¿Quedarse de pie cuando todos los demás se postran? ¿Saber el resultado, saber quién eres y cuánto eres respetada, y aun así escoger ir contra el jefe, es decir, *el rey*, jugándote la vida?

Mira el versículo de hoy: «aun si nuestro Dios no lo hace así». *Incluso aunque nuestro Dios no nos rescate de esto, diremos que no.*

Espero tener siempre el valor de decir: «Sé que Dios *puede* hacerlo, pero aunque no lo haga, no adoraré ningún ídolo. Solo adoraré al único Dios verdadero».

Sé que Dios puede sanar la enfermedad de mi amiga, pero aunque no lo haga…

Sé que Dios puede arreglar esa relación, pero aunque no lo haga…

Sé que Dios puede darme un esposo, pero aunque no lo haga…

Muchos noes valientes llevan a algunos síes hermosamente valientes.

Sé que Dios puede proveerme el dinero, pero aunque no lo haga…

¿Verdad? Pero. Aunque. No. Lo. Haga.

Estos tres lo dijeron sabiendo que sus vidas estaban en juego, y nunca miraron atrás.

Fueron valientes. Dijeron no. E incluso cuando las voces del miedo les debieron haber susurrado, no escucharon. Se mantuvieron firmes en su no y creyeron que Dios seguía siendo Dios.

Muchos noes valientes llevan a algunos síes hermosamente valientes.

Y no estoy segura de que lo vayas a hacer bien todas las veces, decir los síes correctos y los noes correctos. Yo no lo hago bien todo el tiempo, pero la valentía no es igual a hacer lo correcto; la valentía tiene que ver con dar el paso e intentarlo.

Sé valiente y di sí, pero también sé valiente y di no. Salta al flotador. Entra en el horno. Levántate. Siéntate. Súbete a ese avión. Di lo que la valentía te dice que digas, aunque sea la palabra *no*.

SÉ VALIENTE: *¿A qué cosa le puedes decir no hoy que te dejará espacio para algunos síes mejores en el futuro?*

Día cincuenta y seis

>>>——————

EN LA ÉPOCA DE ESPERA

Aguarda a Jehová; esfuérzate, y aliéntese tu corazón; sí, espera a Jehová.

—Salmos 27.14, rvr60

Quería volar de vuelta a Nashville desde Dallas un día antes de lo que había planeado. Estaba cansada de estar en la carretera y cambié mis planes de repente en Dallas, lo cual significaba que podía ir a casa veinticuatro horas antes de lo que pensaba.

Así que tomé el teléfono en cuanto me di cuenta de que podía ir a casa. Y tras responder a todas las preguntas del contestador, me senté a esperar. Por mucho tiempo. Pero tenía muchas ganas de ir a casa, así que no colgué, aunque lo consideré seriamente.

Es solo lo desconocido de la espera, ¿sabes? En esos momentos, nunca sé cuándo colgar. Yo podría ser la *siguiente persona en la fila* con la que hablasen, o podría tener que esperar otra media hora. Y después pienso: *Si me siento aquí, ¿me contestarán pronto? O si cuelgo y vuelvo a llamar, ¿conseguiré saltarme a otros clientes a la espera y conseguiré hablar de inmediato con algún responsable de atención al cliente?*

Casi quería llorar porque sentía que estaba esperando *en todas partes* ahora. En el teléfono, y en mi vida, puede que sea la siguiente o quizá no.

¿Estás en una etapa de espera ahora mismo? ¿Qué haces cuando has dicho sí o has dicho no, pero sigues esperando? ¿Qué haces después?

La vida está llena de etapas de espera, y puedes ser valiente en la espera y hacerlo bien. Sé lo suficientemente valiente para ser paciente, no solo por fuera, sino por dentro.

> *Sé lo suficientemente valiente para ser paciente, no solo por fuera, sino por dentro.*

Jesús nos enseñó esto en su propia vida, y en el versículo de hoy, Él es compasivo, misericordioso, paciente.

Cuando recordamos cuán paciente es el Señor con nosotras, puede ayudarnos a ser paciente en nuestras etapas de espera. Esperando que nuestro trabajo dé sus frutos. Esperando que se arregle una relación. Esperando que una prueba termine.

Puedes ser valiente en cualquier tipo de etapa de espera en la que estés cuando estás viviendo en total dependencia de tu Padre, el cual siempre es paciente y siempre está presente.

SÉ VALIENTE: *¿Dónde estás esperando en tu vida ahora mismo? Escribe al respecto aquí o en tu diario.*

Día cincuenta y siete

>>>———

CUANDO ESPERAS

Pues los sufrimientos ligeros y efímeros que ahora padecemos producen una gloria eterna que vale muchísimo más que todo sufrimiento. Así que no nos fijamos en lo visible, sino en lo invisible, ya que lo que se ve es pasajero, mientras que lo que no se ve es eterno.

—2 Corintios 4.17-18

Amy Stroup canta una canción llamada «Hold Onto Hope Love» (Aférrate a la esperanza, ama). Ha sido mi compañía más noches de las que puedo contar, mientras lloraba ante Dios por los callos de mis manos por estar aferrada fuertemente al precipicio de la esperanza cuando hubiera sido más fácil soltarme y caer en la desesperanza.

¿Y la verdad? Sería más fácil soltarse, pero no sería valiente. Sencillamente no es la historia que Dios está escribiendo con mi vida, y tampoco es la historia que Dios está escribiendo con la tuya, así que por favor, espera.

No te sueltes solo porque duela o porque sea difícil. No te sueltes porque sientas que es ridículo esperar. No lo es. Espera.

Mi amiga sueña con adoptar, y a la vez muchos niños llegan a la vida de su familia solo para ir a casa con la mamá biológica. Pero mi amiga espera. Christy está cansada de recorrer kilómetros y kilómetros cada día, pero quiere correr una maratón, así que no se rinde. Espera. Mike y su esposa dirigen un campamento para estudiantes donde los edificios se deterioran, el equipo abandona, y la piscina siempre huele un poco mal (solo un poco). Es difícil tener su trabajo, pero ven a Jesús obrar en los estudiantes cada semana durante el verano, así que esperan.

No te rindas en la vida. No te rindas con Dios. No te rindas contigo.

No me gusta cuando la gente dice: «Dios nunca nos dará más de lo que podamos soportar», principalmente porque no creo que sea cierto y no está en la Biblia. La Biblia dice que no nos vendrá ninguna tentación que no podamos soportar (1 Corintios 10.13). Tú y yo tenemos que ser valientes para esperar, incluso cuando parece que nuestra lucha es más de lo que podemos soportar.

¿Por cuánto tiempo? Creo que la respuesta es esperar hasta que el Señor te deje claro que te puedes soltar. Pregúntale a Dios. Pregunta a personas en las que confías. Pregúntale a tu corazón. Pero mientras estés escuchando, persevera, y apóyate en esperar hasta que Dios y otras personas realmente te dejen claro que te puedes soltar.

No te rindas en la vida. No te rindas con Dios. No te rindas contigo.

Aférrate a la esperanza, ama.

SÉ VALIENTE: *Dile a alguien en quien confías cómo estás intentando esperar. Deja que alguien te anime. (Y quizá escucha la canción de Amy Stroup. Creo que te encantará).*

Día cincuenta y ocho

CUANDO SUELTAS

Olviden las cosas de antaño; ya no vivan en el pasado. ¡Voy a hacer algo nuevo! Ya está sucediendo, ¿no se dan cuenta?

—Isaías 43.18-19

Soltar siempre ha sido difícil para mí. Sin embargo he visto, una y otra vez, que sencillamente soltar es un catalizador poderoso que Dios usará para llevarme hacia lo siguiente que es mejor.

No podría haber vivido lo de Nashville si no hubiera soltado Marietta.

No podría haber vivido lo de Escocia si no hubiera soltado Nashville.

Es un poco más fácil soltar cuando sabes a qué estás aferrada. La opción de las barras seguidas, como me gusta llamarlo. Estás dispuesta a soltar la barra actual porque puedes ver la siguiente a la que te tienes que aferrar.

(Tengo que ser sincera aquí. No tengo fuerza en los brazos, así que las barras seguidas son cero por ciento divertidas para mí. Pero sé y entiendo cómo funcionan).

El llamado más profundo para la valentía viene cuando te sueltas sin tener ninguna otra barra a la que aferrarte.

Soltar así es lo más difícil. Es entonces cuando la valentía tiene que surgir de tu interior. Es entonces cuando tu ser interior tiene que ser como el acero. Y todas las veces que Dios ha estado justo ahí, en la Biblia y en tu vida, pasan por tu mente como una película, recordándote su fidelidad.

He visto, una y otra vez, que sencillamente soltar es un catalizador poderoso que Dios usará para llevarme hacia lo siguiente que es mejor.

A veces tienes que soltar cosas que son malas para ti: adicciones, relaciones abusivas, hábitos de pecado. Eso también requiere valentía. No importa si algo es bueno o malo para ti, si no es lo *mejor* para ti, tienes que soltarlo.

Puede que sea una relación, o un trabajo, o una ciudad, o algo de dinero, o viejas heridas. Cuando llega el momento de soltar, lo sabes. Tus dedos anhelan soltar el agarre, pero tu corazón les ruega que se aferren, no porque sea lo mejor para ti, sino porque lo desconocido da miedo. Solo soltando tus manos estarán libres para aferrarse a lo siguiente.

Por favor, suéltalo. Por favor, sé valiente para vaciar tus manos sin ver la siguiente barra. Puedes confiar en Dios incluso cuando no puedas ver el futuro, ¡porque Él sí puede verlo!

No sé qué significa eso para ti, así que no puedo escribir las palabras exactas que necesitas oír, pero sé que los sacrificios valientes siempre valen la pena. Así que, amiga, suéltalo.

SÉ VALIENTE: *Bob Goff dice que deja algo cada jueves. ¿Qué puedes dejar esta semana?*

>>>>

CUANDO EL
CAMBIO DUELE

Ahora bien, sabemos que Dios dispone todas las cosas para el bien de quienes lo aman, los que han sido llamados de acuerdo con su propósito.

—Romanos 8.28

He pasado por muchos cambios en mi vida. Cambios geográficos. Cambios de profesión. Cambios de relación. Y no soy muy amiga de los cambios. Sencillamente no están entre mis cosas favoritas... como probablemente ya hayas podido ver.

Y amiga, ¡siguen sucediendo! Tan solo cuando pienso que la vida va viento en popa, llega otro cambio.

Escucha. Si no has aprendido nada de esta pequeña sección del libro, y si yo no he aprendido algo del hecho de haber sufrido esos cambios, oigamos esto juntas: las personas valientes aceptan el cambio porque saben que el cambio es para nuestro propio bien.

Eso no significa que tengas que amar los cambios, buscar los cambios o querer los cambios. Eso no significa que cuando algo que parecía ir muy bien da un giro inesperado, tengas que hacer una fiesta. Significa que si eres valiente, puedes pasar por los cambios con gracia

Las personas valientes aceptan el cambio porque saben que el cambio es para nuestro propio bien.

y esperanza en que las promesas de Dios son ciertas y todas las cosas realmente obran para bien.

Algunos cambios son bienvenidos, son celebrados, son divertidos. ¡Ascensos! ¡Embarazos! ¡Ofertas para publicar un libro! ¡Noviazgos! ¡Casa nueva! Aunque incluso los cambios buenos en la vida pueden ser difíciles o estresantes.

Pero luego están los otros cambios, los malos, los que no parecen tener nada bueno.

A menudo los cambios duelen. A menudo los cambios son dolorosos, e incluso devastadores.

Quizá acabas de perder tu trabajo y estás pensando en la conversación que tendrás con tu esposo esta noche. Quizá los resultados de tu resonancia magnética llegaron, y la vida normal como tú la conocías, se termina hoy.

Tan solo recuerda que el gozo de una persona valiente no depende de las circunstancias. Dios tiene esto bajo control, sea lo que sea. Tu familia. Tu carrera. Tus relaciones. Él conoce tu dolor, se interesa por tu dolor, y quiere que vivas valientemente, en la fortaleza y el conocimiento de que Él está obrando para tu bien y que siempre está en control.

Sé valiente: *¿Sabes lo que espero después de estos pocos días hablando juntas sobre los cambios? Espero que el cambio se convierta en algo que planeas, que cuentas con ello en tu vida y que decides ser valiente al respecto.*

VALENTÍA SUFICIENTE PARA PERSEVERAR

A veces todo duele. Incluso cuando eres valiente.

>>> ———►

LA VIDA ES DIFÍCIL

Yo les he dicho estas cosas para que en mí hallen paz. En este mundo afrontarán aflicciones, pero ¡anímense! Yo he vencido al mundo.

—JUAN 16.33

T ú no necesitas que te diga esto, ¿verdad? La vida es difícil.

No sé lo que yo pensaba que estaba firmando, pero imagino que pensaba que las cosas serían más fáciles de lo que son. Quizá soy la aprendiz más lenta de nuestro planeta, pero me sigo sorprendiendo cada vez que ocurre una tragedia en mi vida o una situación da un giro que no esperaba.

Aterricé en Texas hace unas semanas y le quité a mi teléfono el modo avión. Mientas vuelo, detengo todos los asuntos relacionados con el teléfono, pero en cuanto el avión saca las ruedas, vuelvo a la acción. Siempre me emociono al ver qué mensajes han entrado mientras estaba volando, por lo general son dos o tres, y si tengo suerte, hasta cinco.

Ese día tuve *setenta y nueve*. Entre Nashville y Dallas, algo había ocurrido. La pantalla de mi teléfono estaba llena de un aluvión de mensajes de texto. No podía ponerme al día mientras aparecían en mi pantalla. Pero hubo uno que captó mi atención.

MUERTO

Alguien había muerto. No sabía quién era; los mensajes pasaban por delante de mis ojos demasiado rápido. Pero el pánico brotaba en mi pecho porque sabía que la tragedia había aterrizado conmigo en Texas.

Las siguientes horas estuvieron llenas de dolor, lágrimas, cambio de vuelos, comprar vuelos y momentos de no saber qué hacer.

La naturaleza de la tragedia, ¿verdad? Se cuela en tu vida y todo tu mundo cae en picada, y después son semanas, meses, años de preguntas, dolor, tristeza y duelo.

> *Puedes estar triste, puedes estar enojada, puedes estar confundida, pero no siempre tienes razones para desesperarte.*

Eso sentí en la muerte de alguien a quien amaba. Sentí eso cuando mi pastor estaba de pie en la plataforma de nuestra iglesia y dijo que se iba. Sentí eso cuando llegó ese mensaje que decía que nuestra relación se había terminado. (¿Por mensaje? Lo sé. Es lo peor).

La vida no siempre es fácil. De hecho, creo que estoy empezando a creer que la vida a menudo no es fácil. Mi amigo Mike Foster, fundador de People of the Second Chance, lo dijo de esta forma en Twitter, y me gustó tanto que quiero tatuármelo en mi brazo:

«La vida es complicada, difícil y extraña. Ya no tenemos que hacer como si nos sorprendiera».

¿Verdad? Tan sencillo y a la vez brillante. Y muy importante de recordar. (De ahí la idea del tatuaje).

Dios sabe que la vida es dolorosa.

Por lo tanto, sí, puedes estar triste, puedes estar enojada, puedes estar confundida, pero no siempre tienes razones para desesperarte. Incluso cuando la vida se pone trágica y oscura, no desesperes. Eres más valiente que eso.

SÉ VALIENTE: *No sé qué tipo de dolor o tragedia estás enfrentando ahora mismo, pero sé, como dijo Mike, que la vida es complicada, difícil y extraña. Concédete el permiso de sentirlo hoy.*

Día sesenta y uno

EL FALLO ES
INEVITABLE

¡Fíjense qué gran amor nos ha dado el Padre, que se nos llame
hijos de Dios! ¡Y lo somos!

—1 JUAN 3.1

Si crees que soy divertida, (1) gracias, y (2) gracias a mi papá. Papá
es muchas cosas, incluyendo muy, muy divertido. Hablamos
mucho por teléfono, y a menudo compartimos chistes. Por ejemplo, si les cuento a mis amigos una historia en la cena y se ríen mucho,
casi siempre llamo a mi papá al día siguiente y le cuento la historia,
incluyendo describir la reacción de los demás en la mesa. (Y probablemente también lo que comimos. Somos una familia a la que le gusta
comer).

A menudo, al despedirnos, mi papá dice: «¿Quién te quiere?», y
después, antes de darme tiempo para responder, dice: «Tu papito».

Ahora, te aviso, ninguno le hemos llamado «papito» desde hace
aproximadamente veinte años, pero eso sigue activo.

¿Por qué me gusta tanto?

Creo que es muy bonito que otras personas te recuerden que te quieren. Vivo cada día, ya sea que gane o que pierda, con esa verdad en mente.

Me hace ser valiente.

Cuando sabes quién te ama, conoces tus lugares seguros. Sabes dónde puedes descansar. Sabes dónde puedes ir cuando falles. (Lo siento si soy la primera en decirte esto, pero valiente o no, en algún momento *vas* a fallar).

> *Fallar no te convierte en un fracaso. Intentar algo nuevo te hace ser valiente.*

Fallar no te convierte en un fracaso. Intentar algo nuevo te hace ser valiente.

Es cuando dejamos que eso nos defina cuando las cosas se tuercen.

Las personas valientes no dejan que el fallo les defina; dejan que el fallo les enseñe.

Las personas valientes saben que como su Padre celestial las ama, pueden fallar, y fallar, y volver a fallar, y no cambiará nada entre ellas y su Padre celestial. Literalmente. Nada.

Las personas valientes tienen el valor suficiente porque saben que Dios les ama a pesar de todo.

SÉ VALIENTE: *Tengo un rotulador en mi baño para poder escribir notas en mi espejo. Consíguete uno, y escribe en tu espejo: «Dios me ama profundamente». Déjalo ahí durante una semana y ve cómo ello impacta tu corazón.*

>>>> •——

NO TENGAS MIEDO

Ya te lo he ordenado: ¡Sé fuerte y valiente! ¡No tengas miedo ni te desanimes! Porque el SEÑOR tu Dios te acompañará dondequiera que vayas.

—JOSUÉ 1.9

Por favor, no dejes que gane el temor.

Ser valiente es distinto según cada persona porque cada persona tiene un llamado único de Dios.

¿Cuál es la gran pregunta que permanece en tu corazón que no sabes cómo contestar? ¿Es una pregunta que te da demasiado miedo contestar? Podría ser grande, como un cambio de lugar, un cambio de trabajo o una relación.

¿Deberías cargar el camión y mudarte?

¿Deberías cambiar de oficio aunque ya tienes cincuenta años?

¿Deberías perseguir algo romántico con esa persona de la que llevas siendo «solo amiga» por diez años?

Si la razón por la que no dices sí a ninguna de estas preguntas es sencillamente «me da miedo», entonces tienes que buscar al Señor y pedirle que te ayude a ser valiente, y después responder esas preguntas en base a lo que Él te guíe a hacer.

Connor no sabía cuando dijo sí a jugar al béisbol en su último año en Vanderbilt (en vez de ir a las grandes ligas cuando fue elegido siendo juvenil) que tendría su mejor año en el campo y fuera en Nashville, lo cual le permitió conseguir un buen lugar en un buen equipo después de ese último año.

Por favor, no dejes que gane el temor.

Ashley no sabía cuando dijo sí a mudarse a Kansas City para ser interina en la International House of Prayer que el hombre que se convertiría en su esposo había hecho lo mismo.

Yo no sabía cuando fui a ese primer viaje a Escocia que mi vida quedaría para siempre atada a ese país y a su gente.

Amiga, no podemos ver el futuro, así que cuando damos pasos hacia delante, tenemos que decir no al temor.

Dios quiere que seas «fuerte y valiente». ¿Por qué? Porque Él se encarga de todo. Tu vida, tu plan, tu futuro.

Dios se ocupa de eso, y Él está contigo. Él está conmigo. Él está con *nosotras*.

Sé valiente: *¿Dónde estás permitiendo que tu temor te retenga?*

Día sesenta y tres

>>>>————

ENFRENTA TU DOLOR

Aun si voy por valles tenebrosos, no temo peligro alguno porque tú estás a mi lado; tu vara de pastor me reconforta.

—Salmos 23.4

Hace ya casi un año desde que batallé y superé el asunto de tratar las mentiras en mi cabeza sobre cómo me creó Dios, quién soy y cuál es mi aspecto. Siempre ha sido un asunto importante para mí.

Pero eso no significa que no siga batallando. Soy un tipo siete en el eneagrama de personalidad: quiero huir de mi dolor. Es mi tendencia natural. Lucha o huida, y alzaré mis alas.

Las mentiras siguen llegando. A veces son un susurro cuando subo a una plataforma, a veces son un corte rápido cuando veo una fotografía mía, y otras veces, me gritan. Gritan de una forma que no puedo describir: son constantes, y vulgares, y violentamente desagradables.

Y cuando las mentiras gritan así en mi cabeza, las que dicen que soy muy fea, arruinada, insalvable, decepcionante, y otras parecidas, el primer paso, según he aprendido, es invitar a que entre la verdad. Así que estoy ahí de pie, o sentada, o acostada, y digo las verdades.

Dios me creó con un propósito.

Dios me ama incondicionalmente.

Dios no me creó fea.

Versículos bíblicos memorizados desde hace mucho tiempo sobre quién soy, cómo fui creada de manera maravillosa, y cómo Dios me valora.

Cuando alguien más lo sabe, es mejor.

Y repito, y repito, y repito.

Se lo dije a mi consejera esta semana: le conté las mentiras, las que me habían gritado recientemente. Le dije dónde las oí, quién estaba allí, lo que yo vestía y muchos más detalles de los que ella hubiera querido oír. Cuando alguien más lo sabe, es mejor.

Es mejor porque cuando lo dices en voz alta, lo estás enfrentando. Y eso es valentía. Contarle a alguien tu dolor, ya sean mentiras que el enemigo pone en tu cabeza o una circunstancia devastadora en las que te estás ahogando, es valiente.

Cuando enfrentas el dolor, lo miras de frente y lo llamas tal cual es, comienzas a experimentar sanidad. ¿Empujar el dolor o intentar ignorarlo? Eso no es valentía. Y esconderlo no conduce a la sanidad.

Enfrenta tu dolor. Llévaselo a Dios. Llévaselo a tu consejera. Llévaselo a otra persona y encuentra sanidad ahí.

SÉ VALIENTE: *Amiga, ¿tienes dolor? Ya no huyas más de él.*

Día sesenta y cuatro

>>>>————

INVITA A ALGUIEN
A TU DOLOR

Quien encubre su pecado jamás prospera; quien lo confiesa y
lo deja halla perdón.

—PROVERBIOS 28.13

Recuerdo estar en octavo grado y recibir una llamada de mi amiga Brittany. «Annie», me dijo, «creo que he descubierto una manera de que podamos perder peso antes del baile de mayo». Yo era todo oídos. «Tan solo nos tomaremos estas pastillas que te hacen tener diarrea». Así que durante una semana, lo hice. Déjame decirte que no hay experiencia más horrible. ¿Perdí peso? Apenas. Me sentía horrible, mi cabello perdió su brillo, y tuve mal el estómago todo el tiempo.

He conocido a muchas personas que tienen problemas con trastornos alimenticios. Es un ciclo muy doloroso. Y es tan vergonzoso que la persona que lucha con ello se vuelve reservada. Y la persona que lo sufre esconde su dolor.

También, las personas atrapadas en algún tipo de pecado secreto se vuelven defensivas, esquivas y tristes. Es lo mismo que ocurre con una llaga o herida: si la escondes, se infecta. Si se la muestras a un médico, estarás de camino a la recuperación.

No guardes secretos.

Díselo a alguien en quien confíes. Por favor. La oscuridad no puede permanecer cuando se expone en la luz.

Quizá necesites una consejera o un pastor, o puedes invitar a amigos, pero tiene que ser alguien con más autoridad en tu vida que solamente una amiga.

Proverbios 28.13 es lo auténtico. Es la Palabra de Dios. El pecado y el dolor crecen en la oscuridad. Les encanta un buen secreto. Y amiga, lo sé, tienes que ser valiente y contarle eso tan vergonzoso a esas personas ante las que quieres quedar bien.

La oscuridad no puede permanecer cuando se expone en la luz.

Pero tan solo inténtalo, y te sorprenderás. Te sorprenderá cuántas veces la gente es misericordiosa. Te sorprenderá cuán rápidamente la luz elimina la oscuridad, y a pesar de lo que te diga tu mente, te sentirás más valiente cuando lo cuentes.

SÉ VALIENTE: *Amiga, cuéntale a alguien en quien confíes qué dolor estás experimentando. No sigas guardando secretos.*

Día sesenta y cinco

>>>>———

DESVÍOS DIVINOS

El corazón humano genera muchos proyectos, pero al final prevalecen los designios del Señor.

—Proverbios 19.21

*C*onoces esa sensación cuando piensas que tu vida va en una dirección y entonces algo cambia? Quizá dices: *Espera un minuto. Pensaba que iba a ser enfermera. ¿Por qué no me inscribí en la escuela de enfermería?*

Mi desvío divino más destacado sucedió cuando me inscribí para entrar en la escuela de educación en la Universidad de Georgia. ¿Recuerdas cuando te conté que ser maestra era el sueño de mi vida?

Bueno, me inscribí en la escuela de educación, y... no me aceptaron a la primera. A decir verdad, me relajé un poco en los dos primeros años de instituto, pero bueno, mis calificaciones no eran *malas*. Pero cuando no entré, pensé: *Siempre he querido ser maestra. ¿Qué hago ahora?*

Y se me partió el corazón porque nunca había pensado tener otra carrera que no fuera esa.

Así que terminé teniendo que explorar otras cosas durante un par de meses y pensando: *Bueno, mi plan de vida ha cambiado...*

Y eso fue un desvío divino que tuve que tomar. Fue muy bueno para mí pasar por ello, incluso por las partes dolorosas.

Tras unos meses, se abrió una plaza en el programa y me dejaron entrar, así que comencé a ir en pos del magisterio.

Pero el Señor me ha dado desvíos divinos como ese más de una vez, donde he tenido que dar respuesta a la pregunta: ¿Qué ocurre si no consigo hacer lo que quiero hacer?

Los desvíos divinos no son divertidos en el momento. Ya sea que conlleven trabajo, citas, amistades, iglesia o familia, son un duro golpe. Es un cambio de planes que no pediste.

Pero lo cierto es que necesitamos los desvíos divinos porque es mediante los desvíos divinos como Dios siempre nos lleva donde se supone que debemos ir a largo plazo.

Dios es Dios, y te ama, así que a menudo un desvío divino puede ser su forma de hacer que mires hacia arriba para verlo a Él y ser valiente para hacer la pregunta que te resulta más difícil, como: *Dios... ¿confío en ti, incluso cuando no entiendo lo que estás haciendo?*

¿Qué ocurre si no consigo hacer lo que quiero hacer?

Dios ve el cuadro completo, toda tu historia, tu futuro. Puedes confiar en Él, incluso cuando te descarrila de tu plan, porque Él es bueno y te ama.

SÉ VALIENTE: *En tu diario, escribe dos o tres desvíos divinos que hayan sucedido en tu vida. Al mirar atrás ahora, ¿puedes ver cómo sirvieron para bien al final?*

Día sesenta y seis

>>>>------

POR QUÉ LA PERSEVERANCIA IMPORTA

Y no solo en esto, sino también en nuestros sufrimientos, porque sabemos que el sufrimiento produce perseverancia; la perseverancia, entereza de carácter; la entereza de carácter, esperanza. Y esta esperanza no nos defrauda, porque Dios ha derramado su amor en nuestro corazón por el Espíritu Santo que nos ha dado.

—ROMANOS 5.3-5

Soy una derrotista. Se me hace muy fácil retirarme de algo que me parece difícil, ya sea una clase de ejercicio, una amistad o una dieta. Pero al madurar y crecer, estoy aprendiendo que la valentía se forma cuando persevero.

Escucha. He querido dejar esta profesión muchas veces. Y digo *muchas.* Es difícil, solitaria y frustrante (junto con todas las cosas buenas, ¡no me malentiendas!). Pero continúo porque veo la luz a mis pies diciéndome que siga caminando y escribiendo.

Joy Williams tiene una canción titulada «Golden Thread» (Hilo de oro), y cuando las cosas parecen estar estirándome demasiado, escucho una y otra vez esa canción como si no hubiera un mañana. Me recuerda

La perseverancia forma el carácter.

que cuando siento que estoy colgando de un hilo y todo parece empezar a descoserse y sencillamente cortar sería la mejor opción, el hilo podría ser de oro. Y quizá vale la pena aguantar.

Las cosas se pueden complicar. ¿Estás sufriendo abuso en una relación? No te estoy diciendo que te quedes y perseveres. ¿Estás intentando abrirte paso como actriz en LA y estás literalmente sin dinero? No te estoy diciendo que te quedes y perseveres.

¿Si estás cansada de luchar por esa oración que parece que nunca tiene respuesta? Aguanta. Persevera. Porque la perseverancia forma el carácter. Y Dios responde a la oración.

¿Si quieres dejar tu matrimonio con un buen hombre porque se ha convertido en algo distinto de lo que pensabas que sería? Aguanta. Persevera. (Busca consejería, pero persevera).

¿Si has aplicado para la universidad de tus sueños pero no has recibido respuesta aún? Aguanta. Persevera.

Me hice un tatuaje en el brazo derecho que dice precisamente eso. *Persevera.* En diminutas letras blancas, está ahí para recordarme quién quiero ser y cómo quiero vivir.

Las personas valientes no abandonan. Las personas valientes no se retiran. Las personas valientes se dan cuenta de que nos gozamos en nuestro sufrimiento porque conduce a la perseverancia y la perseverancia produce carácter, y finalmente, nos lleva a la esperanza que tenemos en Jesús. Vale la pena luchar por la esperanza.

SÉ VALIENTE: *¿Qué significa para ti perseverar hoy?*

Día sesenta y siete

>>>>—

NO TE RINDAS

No nos cansemos de hacer el bien, porque a su debido tiempo cosecharemos si no nos damos por vencidos.

—GÁLATAS 6.9

¡**M**írate! Estoy impresionada. Mira lo lejos que has llegado en este libro. Escucha. ¡Estás en el día sesenta y siete!! Asombroso. Tú ya estás mostrando perseverancia.

De acuerdo, voy a decirte algo, y quiero que escuches. No te rindas. ¡No abandones! Estás en un viaje. Estás buscando valentía. Estás a más de la mitad de camino de lo que Dios tiene para ti aquí.

Has estado mirando tu vida (tu dolor, tus alegrías y tu llamado), y has estado buscando la valentía. Pero no te rindas ahora. No dejes de intentar encontrar la valentía en tu vida. No dejes las cosas en las que estás involucrada porque sientas que es *demasiado difícil*. No dejes este libro.

Buscar valentía y hacer cosas que son saludables para tu mente, cuerpo y alma te producirá una cosecha de bendición.

¡No abandones! Estás en un viaje.

¿Sabes cuando estás haciendo ejercicio y empiezas a ver algo de resultado? Eres más fuerte, te sientes mejor, y tu ropa te sienta un

poco mejor. Y entonces te sientes como: «¡He terminado!». Y abandonas todos los hábitos saludables.

No hagas eso con tu alma (ni tampoco con tus hábitos saludables).

Si sigues con esto, si sigues pasando tiempo en la Palabra de Dios,
escribiendo y buscando hacia dentro y contrastando tus decisiones
con las Escrituras, tendrás una cosecha de bendición.

No dejes de creer eso, ¡y no te rindas ahora!

SÉ VALIENTE: *Ve a dar hoy un pequeño paseo. Piensa en los dos primeros tercios de este libro y en cómo has cambiado porque has persevera-
do y caminado hacia la valentía.*

Día sesenta y ocho

>>>>———

CUANDO EL DOLOR
SE SANA

Al oír esto, Jesús les contestó: —No son los sanos los que necesitan médico, sino los enfermos.

—Mateo 9.12

Recientemente me hicieron una cirugía LASIK en los ojos. Es asombroso. Es lo más parecido a un milagro que he experimentado jamás, ¡antes era ciega pero ahora veo!

Pero no se sentía asombroso. Tenía mucha presión y una cantidad decente de dolor aquella tarde después de la cirugía. Pero sabía que el dolor valió la pena porque ahora mi vista es prácticamente perfecta.

La cirugía duele, pero siempre es para nuestro bien y para nuestra salud.

Hay veces en las que Dios te hará pasar por una cirugía, no porque quiera hacerte daño, sino porque te ama y quiere sanarte. Lo he visto en mi propia vida: cosas que perdí, pecados revelados, secretos expuestos, todo para mi bien. Incluso aunque dolió.

Sabemos eso, y sin embargo a menudo nos comportamos como si nuestro Cirujano no fuera fiable y no buscara nuestro propio bien.

Vivimos nuestras vidas temerosas y preocupadas y preguntándonos por qué nuestra vida está llena de dolor.

Cuando recordamos que somos pecadoras que necesitamos a Jesús, podemos confiar en nuestro Gran Médico. Jesús nos recordó que somos personas enfermas que necesitan un médico.

Hay veces en las que Dios te hará pasar por una cirugía, no porque quiera hacerte daño, sino porque te ama y quiere sanarte.

No podemos ver el futuro. No sabemos qué es mejor para nosotras. Cometemos errores. Decimos cosas que lamentamos. Hacemos cosas con motivos impuros. Vivimos en un mundo quebrantado.

Pero nuestro Dios sana. Él nos ama. Y podemos ser valientes ante el quebranto, el dolor y la cirugía espiritual porque sabemos que Dios es bueno.

SÉ VALIENTE: *Pídele a Dios que te muestre cómo algunas de tus heridas realmente han conducido a la sanidad.*

VALENTÍA SUFICIENTE PARA PERSEGUIR LA SANIDAD

La sanidad es a menudo una decisión.

Día sesenta y nueve

>>>> →

EL PROPÓSITO DE DIOS PARA TU CUERPO

¿Acaso no saben que su cuerpo es templo del Espíritu Santo, quien está en ustedes y al que han recibido de parte de Dios? Ustedes no son sus propios dueños.

—1 Corintios 6.19

Yo peso más que la mayoría de las mujeres de mi edad. No me gusta hablar de ello. Ha sido así desde cuarto grado, es algo con lo que lucho casi cada día, y si hablo de ello hace que sea más real, o algo más importante, o así.

He estado haciendo dieta, o queriendo hacer dieta, desde que estaba en sexto grado. Para los que están haciendo cálculos en casa, eso es más de dos tercios de mi vida.

Cuando tenía veintitantos años me diagnosticaron síndrome de ovario poliquístico (SOP). Entre algunos de los encantadores efectos secundarios, el SOP complica el perder peso y procesar la insulina.

Pasé la mayoría de mis años de adolescencia pensando que como estaba tratando mal mi cuerpo, no funcionaba bien en muchas áreas. Pero resultó ser que tenía una enfermedad actuando también contra mí.

Cuando era adolescente estaba muy enfocada en mi cuerpo, mis antojos y mis necesidades, pero ¿mi alma? No tanto. Hablando de mi alma, pensaba que la comida la alimentaba. Los lugares que sentía vacíos en mí, los llenaba con comida. ¿Soledad? Comer. ¿Tristeza? Comer. ¿Celebración? Comer.

Al diagnosticarme SOP sentí como una luz al final del túnel. *Así que por* esto *no puedo estar delgada*, pensaba, *y por* esto *no me gusta mi cuerpo*.

> *Dios tiene un propósito para tu cuerpo, con todas sus imperfecciones y enfermedades.*

Me ha costado años, y aún es una lucha, pero por la gracia de Dios he pasado de pensar que mi cuerpo nunca será lo suficientemente bueno a creer que es un templo del Espíritu Santo.

Persigo la sanidad de mi SOP, y puede que tú tengas una enfermedad de por vida que desearías que desapareciera también, pero recuerda: Jesús hace nuevas todas las cosas. Un día nuestros cuerpos y este mundo quebrantado serán sanados por completo. Mientras tanto, Dios tiene un propósito para tu cuerpo, con todas sus imperfecciones y enfermedades. Él quiere usarte, así como eres, para su propia gloria.

Las personas valientes miran los cuerpos en los que están y escogen verlos según lo que son: vasos que contienen a un Dios poderoso.

SÉ VALIENTE: *Vamos a hablar durante los siguiente días sobre tu salud. ¿Por qué? Porque solo un cuerpo funcional puede ser un cuerpo valiente. Hemos pasado tiempo hablando sobre nuestra mente y nuestro espíritu, así que prepara tu corazón según nos disponemos a hablar de nuestro cuerpo.*

>>>>————

RITMOS DE DISCIPLINA

Ciertamente, ninguna disciplina, en el momento de recibirla, parece agradable, sino más bien penosa; sin embargo, después produce una cosecha de justicia y paz para quienes han sido entrenados por ella.

—Hebreos 12.11

Decidí correr una media maratón una primavera hace varios años atrás. Fue una decisión ridícula. No me gusta correr.

Me apunté, pagué mi dinero y reservé mi viaje a Florida, y de inmediato estaba llena de lamentos. Pero las otras chicas que lo estaban haciendo conmigo (Blair, Katie y Emily) se habían apuntado, pagado y reservado también el vuelo, así que no había forma de echarme atrás.

Descargué un programa de entrenamiento en mi iPhone el otoño antes de la carrera y decidí que pasaría seis meses entrenando bien para esa media maratón.

No lo hice.

Así que cuando llegó el mes de marzo y estábamos haciendo la maleta para el fin de semana, había corrido aproximadamente cinco kilómetros en mi entrenamiento. Y estaba a punto de intentar correr veintiuno. Y casi cien metros.

Tras más de tres horas y media, crucé esa línea de meta. Solo quedaban tres paquetes regalo en la mesa, y en los registros oficiales de miles de corredores, terminé casi la última.

Tres abuelitas caminando terminaron por delante de mí.

La semana siguiente fue la semana más dolorosa de mi vida. Me dolían todos los músculos. Cada. Uno. De. Ellos. Caminaba como si hubiera montado a caballo desde Maine hasta esa playa de Florida. Tan solo quería tumbarme en el suelo como una estrella de mar, con una vía de ibuprofeno puesta durante dos o diez días.

> *La disciplina es el trabajo hecho en el entrenamiento para estar lista para el gran partido.*

Mi falta de entrenamiento, y falta de disciplina, realmente me persiguieron después de esa carrera.

Lo podía haber hecho mejor, haber tenido menos dolor, y posiblemente haber estado dispuesta a intentar otra carrera de esa distancia si hubiera entrenado.

La disciplina siempre me parecieron reglas, e incluso aunque soy una seguidora de las reglas por naturaleza, cuando soy yo la que pongo las reglas e intento seguirlas, no es tan natural. La verdad es que la disciplina no son reglas por las que tienes que vivir o leyes que tienes que obedecer. La disciplina es el trabajo hecho en el entrenamiento para estar lista para el gran partido.

¿A qué se parece esa disciplina? No sé en tu caso, pero para mí sé que a menudo me gusta etiquetar la disciplina como algo aburrido e innecesario cuando realmente, si quieres ser valiente y estar lista para que te llamen al partido, tienes que entrenar.

Tu disciplina, el ritmo que te hace ser tu mejor versión, ya sea entrenar tu cuerpo, tu mente o tu espíritu, aparece cuando es tiempo de decir lo correcto, hacer lo correcto, ser la persona valiente que quieres ser. Es el entrenamiento lo que perfecciona, y el entrenamiento lo que te hace ser valiente.

SÉ VALIENTE: *¿Cuál es algún área de tu vida en la que podrías ser más disciplinada?*

Día setenta y uno

JUEGA, POR FAVOR

Este es el día en que el Señor actuó; regocijémonos y alegrémonos en él.

—Salmos 118.24

Ayer, disciplina. Hoy, juguemos. Sí. ¡Jugar! Las dos van de la mano más de lo que crees. ¿Te diviertes en tu vida cotidiana?

Puede que no parezca importante o valiente hacer del juego una prioridad, pero tienes que ser valiente para dejar a un lado tus responsabilidades, para despreciar la mentira de que tu carrera se desmoronará si dedicas tiempo a divertirte.

Juega fuera. Juega con tus amigos. Haz lo que te gustaba hacer cuando eras una niña porque te hace reconectar con un tiempo más sencillo, donde el estrés no era tan importante y tu corazón era un lugar más sencillo donde vivir y amar.

Es casi como respirar hondo en un viaje de valentía realmente difícil.

Estaba yo en un viaje de misiones en Escocia, y todo nuestro equipo estaba discutiendo. Algunas cosas habían salido mal, y habíamos tenido muy poco espacio durante mucho tiempo. Así que los líderes de nuestro equipo cancelaron una tarde de tres horas que habíamos

Es casi como respirar hondo en un viaje de valentía realmente difícil.

planificado y en su lugar nos llevaron a todo el equipo a jugar Ultimate Frisbee.

Se chocaban unos con otros, y corrían, y saltaban, y volaban por el aire. Era realmente agresivo, y comenzamos como locos.

Pero ¿sabes lo que ocurrió? Terminamos riéndonos.

Fue un gran ejemplo de cómo jugar puede sanar y cómo jugar es importante para nosotros y por qué tenemos que hacerlo. Ser disciplinada y ser valiente no son tareas fáciles. Si no dejas hueco en tu vida para el juego, te quemarás. Estarás en ese lugar donde luchas por ser valiente porque sientes que el fracaso está surgiendo, los temores llegan sin que los invites, y no habrá una salida saludable. Así que juega.

Las personas valientes saben que no solo está bien jugar, sino que es saludable.

¿Este día que estás viviendo? Este es el día que ha hecho el Señor. Puedes gozarte y alegrarte en Él. Puedes divertirte, reír y estar tranquila por tu lista de quehaceres porque Dios está en control, y puedes tener una paz total en Él.

Sé valiente: *¡Ve a jugar! De verdad, haz algo divertido.*

Día setenta y dos

>>> ———

HAZ EJERCICIO, POR FAVOR

Por lo tanto, hermanos, tomando en cuenta la misericordia de Dios, les ruego que cada uno de ustedes, en adoración espiritual, ofrezca su cuerpo como sacrificio vivo, santo y agradable a Dios.

—ROMANOS 12.1

Esto es lo importante. Sí, haz ejercicio, pero no solo para tener un buen aspecto. Claro, el ejercicio te hace sentir y estar más saludable, pero esa no es la razón para hacerlo. Un estilo de vida de ejercicio diario no tiene que ver con perder peso.

Tu talla no es lo que importa. No hay una talla atractiva o una talla fea, pero hay un punto en el que dejas de estar saludable y en el que tu cuerpo sufre.

El ejercicio no tiene que consistir en correr una maratón, a menos que sea eso lo que quieres hacer. (No tengo ni idea de cómo eso puede ser «divertido», pero si te hace feliz, adelante). Tan solo sal a caminar. Apúntate a un gimnasio o únete a un equipo deportivo de recreo. Sal y mueve tu cuerpo.

Tienes que honrar tu cuerpo y tratarlo bien. Tu cuerpo está diseñado para moverse, no para estar quieto.

Necesitas que tus músculos y tus huesos sean lo suficientemente fuertes para hacer todo aquello a lo que fuiste llamada a hacer durante todos los años que vayas a estar aquí.

Tu cuerpo está diseñado para moverse, no para estar quieto.

En Romanos, Pablo nos dijo que presentemos nuestros cuerpos como un sacrificio vivo, y esta es la verdad del asunto: si no cuidamos de nuestro cuerpo, estamos limitando nuestra capacidad de hacer su obra. En serio. Si no tratamos bien nuestro cuerpo, si no lo cuidamos, estamos acortando nuestro impacto sobre el planeta. Realmente lo creo.

Dios nos ha puesto en este planeta para difundir su amor, para ser su amor para la gente que nos rodea, y nos ha dado estos maravillosos cuerpos para llevarnos del punto A al punto B.

¿Sabes lo que no es valentía? Estar todo el día en el sofá. ¿Cuidar de tu cuerpo y ser fuerte para poder ayudar a otros? *Eso* es valentía. Las personas valientes hacen ejercicio y lo ven como una forma de obedecer a Dios.

Tú puedes hacerlo, amiga. Yo creo en ti. Puedes dejar de ver tu cuerpo como algo que quieres que sea más pequeño, o más grande, o esto o aquello, y empezar a verlo como un templo de Dios del que tienes que cuidar toda tu vida y usarlo para su gloria.

SÉ VALIENTE: *Da un paseo. Ve al gimnasio. Ve a nadar. Entrena los 5 kilómetros. Como dice el letrero de mi estudio de yoga, busca sudar.*

Día setenta y tres

>>>>——

COME VEGETALES,
POR FAVOR

En conclusión, ya sea que coman o beban o hagan cualquier
otra cosa, háganlo todo para la gloria de Dios.

—1 Corintios 10.31

Me encantan todas las cosas que llevan helado (bueno, helado de
leche de almendra porque tengo alergia a los lácteos). Mézclalo
con galletas de pepitas de chocolate y estoy en la nube nueve.
Pero no puedo comer helado para desayunar, comer y cenar. No porque
no sepa o porque no lo desee; tengo la determinación y la voluntad de no hacerle caso.

Sé que no es saludable para mi cuerpo, y por eso decido comerlo quizá una vez por semana o una vez por mes. La moderación es
la clave, amigas. Moderación. Y oración. ¿Raro? Quizá. Pero créeme
que cuando te sientas y le pides al Señor que te dirija en tu forma de
comer, Él lo hace.

He llegado a amar mi cuerpo, a amar la forma en que Dios me
creó, así que no me puedo imaginar llenar mi cuerpo de comida o
bebida que lo destruirá. Intento escoger las cosas que representarán
bien al Señor.

¿De qué te alimentas?

Entiendo que todas tenemos recursos distintos. Algunas personas se pueden permitir tener fruta y verdura fresca a diario. Para otras, pagar la compra es un esfuerzo. Lo entiendo.

Pero la cosa es esta. Al margen de cuál sea tu estatus socioeconómico, deberías pensar en lo que estás comiendo, no solo inhalando.

Si McDonald's es el lugar donde vas a comer hoy, hay ensaladas por el mismo precio que la hamburguesa.

No estoy diciendo que no puedas comer nunca una hamburguesa. Las hamburguesas están buenísimas, pero si consumes comida que sabe bien sin pensarlo dos veces y no consumes comida que es buena para ti, no estás tratando bien tu cuerpo.

Dios te ha dado el cuerpo con un motivo. Tiene un propósito para tu vida. Sé suficientemente valiente para ser intencional con tus hábitos alimenticios.

Deberías pensar en lo que estás comiendo, no solo inhalando.

Dios no quiere que solo le honres con una parte de tu vida. Quiere que lo hagas con todo lo que tienes. Quiere cada parte de ti y tu identidad para darle gloria.

Tenemos que pensarlo dos veces. Tenemos que cuidar de este regalo que es nuestro cuerpo.

SÉ VALIENTE: *Déjame decirte lo que tienes que hacer. Ve al mercado hoy. Aunque no sepas qué comprar, busca el mercado del agricultor hoy y date una vuelta por él. Ve los colores y las sensacionales ofertas. Observa a los agricultores y hazles preguntas. Compra una verdura, una que sepas que sabrás cocinar usando google, ¡y pruébala!*

Día setenta y cuatro

DESCANSA, POR FAVOR

En vano madrugan ustedes, y se acuestan muy tarde, para comer un pan de fatigas, porque Dios concede el sueño a sus amados.

—Salmos 127.2

Las personas valientes reconocen que hay veces en las que tienes que hacer una parada.

Escucha, yo soy mucho de ajetreo. Tienes que trabajar. Tienes que hacer ejercicio. Tienes que decir sí. Tienes que intentarlo. Tienes que trabajar duro, mi amiga. Por supuesto.

Pero estar ajetreada los 365 días no es lo que hacen las personas valientes. Ellas se detienen cuando tienen que hacerlo, aunque dé miedo y sea un poco costoso.

Tu salud espiritual es más importante que la meta hacia la que corres. Y no conseguirás tus metas si te quemas.

El descanso no es algo malo. El descanso no es algo que hará que te quedes atrás. Pero sí, a veces puede ser costoso. A veces tendrás que decir no a algo para poder descansar.

Pero como dice el versículo de hoy, Dios concede el sueño a sus amados. Amiga, la valentía no es conquistar el mundo en tus propias fuerzas. Es trabajar duro con lo que te han dado, pero también confiar en que todo procede de Dios: tu habilidad para estar ajetreada viene de Dios. Él te creó.

Así que escúchalo cuando te dice que descanses. Haz del descanso una parte rítmica de tu vida. Es una disciplina que tienes que escoger e invitar a tu vida. Cuando veas a otros ajetreados y olvidándose de descansar, no te pongas nerviosa y sientas que tienes que ir a su ritmo.

> *No conseguirás tus metas si te quemas.*

Sé lo suficientemente valiente para descansar, sabiendo que lo necesitas. Sabiendo que es saludable. Sabiendo que incluso Dios mismo descansa.

Sé valiente: *Duerme una siesta. Vete antes a la cama esta noche. Tómate un día libre del trabajo (o incluso solo una tarde). Busca el descanso.*

Día setenta y cinco

>>>> ———————•

SABBAT

Trabaja durante seis días, pero descansa el séptimo.

—ÉXODO 34.21

Las personas valientes toman un Sabbat. No tiene que ser como se hace en Jerusalén. No tienes que evitar usar un interruptor desde el amanecer hasta el anochecer, pero tienes que apartar tiempo del trabajo. Regularmente.

Para mí, mi Sabbat es el miércoles en la mañana (ya que a menudo trabajo los fines de semana).

Así que los miércoles, desde que me despierto hasta las dos o tres de la tarde, no estoy disponible. Todos lo saben. Lo que eso significa es que tengo un espacio de seis horas en las que no uso la tecnología y no pongo lavadoras ni entro en el ajetreo.

Lo único que hago es descansar y adorar.

Si es relajante para mí tomar café con una amiga, tomo café con una amiga.

Si es relajante para mí admirar la creación de Dios en Radnor Lake, voy a dar una vuelta a Radnor Lake.

Leo libros. Leo como loca. Leo hasta que me canso de leer, y después siempre duermo una siesta. A veces conduzco hasta Leiper's

Fork, Tennessee, como a treinta minutos de mi casa, y extiendo una manta y leo un poco allí. Y sí, quizá duermo allí una siesta también.

Es realmente duro tomar un día libre del trabajo, o algunas horas, cuando sé que hay muchas cosas que hacer.

Suena increíble, y lo es, pero también es realmente duro tomar un día libre del trabajo, o algunas horas, cuando sé que hay muchas cosas que hacer.

Se necesita valentía para dejar tu trabajo o tu llamado un rato, creyendo que Dios seguirá proveyendo. Pero el Sabbat es algo a lo que estamos llamadas, una disciplina que mejorará nuestra vida si lo aceptamos.

Amiga, ¿tú y yo? No podemos dejar que nos atenace el temor de perdernos (o síndrome FOMO, como lo llaman los jóvenes en estos días) una oportunidad increíble de ganar.

Necesitamos el Sabbat. Necesitamos descansar. Necesitamos personas. Necesitamos amistad.

Amigas valientes, por favor escojan tener un Sabbat. Desconecten. Tómense un descanso. Digan sí al descanso y sí a las relaciones, aunque estén diciendo «espera un segundo» a su trabajo o su llamado.

Sé valiente: *Consigue el libro* Garden City *de John Mark Comer. Es un gran libro y tiene información muy útil con respecto al Sabbat.*

Día setenta y seis

>>>>——

LAS PALABRAS
PUEDEN SANAR

El charlatán hiere con la lengua como con una espada, pero la lengua del sabio brinda alivio.

—PROVERBIOS 12.18

Tenemos dos opciones cuando usamos nuestras palabras: podemos edificar o podemos destruir.

Podría contarte historia tras historia de cómo las palabras de alguien me dieron vida, me edificaron, me fortalecieron, produjeron sanidad. Y puedo contarte historias de cómo las palabras han roto mi corazón.

Las palabras. Son. Poderosas.

Sé esto porque lo he sentido una y otra vez; pero aquella vez en séptimo grado dejaron una marca muy importante en mi corazón. Las palabras me cambiaron para siempre.

Ese año mi maestro de estudios sociales era el Sr. Samson. Su salón de clase tenía muchas ventanas, y las mesas estaban bastante juntas. Me senté entre dos chicos y detrás de mi mejor amiga. Vi un día como uno de los chicos tomaba prestado un diminuto trozo de papel verde de mi amiga Sarah y comenzaba a hacer como una lista.

No sé cómo lo supe, pero supe que la lista era sobre mí. No la podía ver, pero verlo escribir me decía todo. Tenía la misma cantidad de preocupación que de curiosidad.

Terminó la clase. Mark rompió en pedazos muy pequeños el papel verde, y cuando salía de la clase, los tiró a la papelera. Cuando se terminó la clase, recogí mis cosas muy lentamente, y con el Sr. Samson sin quitarme los ojos de encima, me arrodillé, saqué esos pedacitos de la papelera y me los metí en el bolsillo de mis pantalones vaqueros descoloridos. (La moda de los noventa).

Tenemos dos opciones cuando usamos nuestras palabras: podemos edificar o podemos destruir.

Llegué a casa esa tarde, y después de cenar subí las escaleras hasta mi cuarto y extendí los pedacitos sobre la alfombra. Como si estuviera haciendo un malvado rompecabezas, mezclé y emparejé los trocitos hasta que los bordes encajaban y las palabras comenzaban a formarse. Le puse cinta adhesiva a los trozos cuando encajaban, y como los trocitos eran muy pequeños, el papel comenzó a quedar laminado con cinta adhesiva.

Comencé a leer el texto escrito con esa caligrafía de garabatos clásica de niño de secundaria. Era una lista de todas las chicas de nuestra clase con una palabra usada para describir a cada una.

Me enfoqué en mi propio nombre. Y mi línea decía esto:

Annie = Fofa

Sé que las palabras te han herido, como a mí. Porque si eres un ser humano, habrás experimentado el dolor de las palabras de primera mano.

Lo sé porque he sido un ser humano toda mi vida. Y he conocido a muchos seres humanos. Y he hablado con muchos seres humanos. Y he sido mala con seres humanos.

Mira el versículo de hoy. ¿Palabras de un charlatán? Hieren. Pero las palabras también pueden sanar. Las personas valientes no son chismosas ni usan sus palabras para herir a otros.

Las personas valientes usan sus palabras para sanar. Hablar con bondad de los corazones, mentes *y* cuerpos de otras personas puede ser sanador. Las personas valientes dejan que la Palabra de Dios y las palabras de los sabios lleven sanidad a su propio corazón. Que veas la sanidad, sientas la sanidad, que viene de la lengua de los sabios.

SÉ VALIENTE: *¿A quién podrías hablar hoy para ofrecerle un poco de sanidad?*

Día setenta y siete

>>>——→

LAS PERSONAS SALUDABLES PIENSAN EN OTRAS PERSONAS

«Ama al Señor tu Dios con todo tu corazón, con todo tu ser y con toda tu mente» —le respondió Jesús—. Este es el primero y el más importante de los mandamientos. El segundo se parece a este: «Ama a tu prójimo como a ti mismo». De estos dos mandamientos dependen toda la ley y los profetas.

—MATEO 22.37-40

En la secundaria mi mente estaba llena de malos susurros de lo desagradable que yo era, de lo mucho que tenía que cambiar y de cómo Dios se había equivocado al crearme. No sabía entonces que podía llamar a esos susurros «mentiras», así que dejé que se infectaran y crecieran hasta que se hicieron una parra que cubría mi alma. Y viví así, con autodesprecio, durante años.

Una vez, durante mi segundo año en la universidad, mi mamá me estaba llevando a casa después de un entrenamiento de fútbol y me hizo una pregunta punzante: «¿Cómo crees que puedes amar a tus amigos si no te amas a ti misma?».

Me quedé perpleja. ¿A quién le importa si me amo o no? pensaba yo. Recuerdo pensar seriamente que mi mamá no sabía de lo que estaba hablando.

(Nunca se deja perpleja a una mamá; una adolescente pensaba que era más inteligente).

Ella no me forzó; tan solo me dejó rumiando su pregunta en mi mente. No recuerdo tan siquiera si le contesté; si lo hice, fue algo con el desasosiego de una adolescente, como: «Eh, mamá, tú no entiendes cuánto amo a mis amigos y cuánto amo a Dios, y eso es lo que importa». Y después, probablemente salí del automóvil y agarré mi sudadera de fútbol, me senté en su bonito sofá y esperé a que hiciera la cena para toda la familia. (Así que lo que estoy diciendo es que yo era todo un dulce cuando era adolescente).

Aquella conversación se quedó conmigo durante todos esos años. Y a medida que crecía, y Dios me rescataba de muchas otras mentiras y me enseñaba cómo luchar por la verdad, me daba cuenta (*entendía*) que mi mamá tenía razón.

> *Tienes que amarte a ti misma para amar bien a otros.*

Aunque somos capaces de amar a otros hasta cierto punto, incluso cuando nos estamos hundiendo en el autodesprecio, hay una libertad en amar que viene al seguir el segundo y mayor mandamiento.

Amar a alguien es creer en *ellos*. Cuando alguien cree en ti, lo cambia todo: cómo te conduces, cómo tratas a otros, cómo vives el día a día. Puedes dar ese mismo regalo a los que te rodean.

Mi mamá tenía razón: tienes que amarte a ti misma para amar bien a otros. Jesús mismo lo dijo: ama a tu prójimo *como* a ti mismo. Eso es algo que vale la pena pensar bien.

Si estás siendo verdaderamente valiente y estás persiguiendo verdaderamente la salud, tienes que aprender a amarte y amar a otras personas como consecuencia. Las personas valientes y saludables aman a otros.

¿Te amas a ti misma? ¿Te ves como Dios te ve? ¿Reconoces lo totalmente adorable que eres? Porque cuando lo consigues, cuando ves toda esa verdad, no puedes dejar de amar a tu prójimo.

SÉ VALIENTE: *Vuelve a leer el título de hoy: Las personas saludables piensan en otras personas. Y debido a que se aman a sí mismas primero es que pueden amar a otras personas. Piensa en esto y escribe sobre ello hoy: ¿Serían distintas tu vida y tus relaciones si vivieras esa verdad? ¿Que amar a otros es un desbordamiento del amor de Dios hacia ti y de tu amor hacia ti misma?*

VALENTÍA SUFICIENTE PARA SERVIR

Da lo que eres. El mundo será un lugar mejor gracias a ello.

Día setenta y ocho

>>>—————

SÉ UNA MENTORA

Imítenme a mí, como yo imito a Cristo.

—1 Corintios 11.1

Hace unos años, estaba dando una vuelta con dos de las muchachas de mi grupo de célula de la iglesia, hablando de la universidad, de chicos, de la época de Cuaresma, y cosas de chicas. Estábamos hablando de nuestros planes para el grupo de célula esa noche, y mencioné de pasada que las muchachas deberían llevar sus diarios. Para mi asombro, ninguna de ellas tenía un diario. Tardé un minuto en recordar que no eran mucho mayores que yo cuando empecé a escribir en un diario.

Así que esa noche, cuando llegaron las chicas y terminamos de comer nuestra sopa de taco, saqué la enorme caja de plástico del armario del pasillo y les mostré mi cada vez mayor colección de diarios.

Cada libreta en la que había escrito, garabateado y llorado en los últimos veinte años está guardada en este contenedor. Saqué algunos en concreto y les hablé a las chicas sobre mis recuerdos de esa etapa de la vida. Como el que tenía la fotografía de un niño y una niña pequeña en blanco y negro que era de mi primer año en la universidad, y accidentalmente lo dejé en la iglesia un día y me entró el pánico porque había escrito sobre el chico que me gustaba entonces. O el que tenía la armadura de Dios dibujada a mano que iba con el primer viaje misionero que había dirigido. Y les enseñé el primero, con las estrellas en blanco y dorado, ni siquiera escrito hasta la mitad pero muy significativo.

Fue una bonita experiencia para ellas ver parte de mi historia, y para mí mirar atrás a algunas de esas etapas formativas de mi vida.

La Biblia reta a hombres y mujeres a dirigir con el ejemplo y también a enseñar y volcarse en los más jóvenes que ellos, que van unos pasos por detrás. Mentorear a estudiantes de secundaria y universitarios me ha aportado mucho gozo. Es vivificante tomar lo que el Señor te enseñó a ti y transmitirlo a otros que van detrás de ti en su caminar en la vida.

> *La Biblia reta a hombres y mujeres a dirigir con el ejemplo y también a enseñar y volcarse en los más jóvenes que ellos, que van unos pasos por detrás.*

Una pequeña barricada para las personas es que no se sienten cualificadas. ¿Quién soy yo para ser mentora de alguien? Si estás caminando con Jesús, tienes sabiduría que transmitir a los que no han estado caminando con Él tanto tiempo como tú.

Las personas valientes no solo se vuelcan en sus propias esperanzas y sueños. Vuelcan su sabiduría, tiempo y amor en otros.

Sé valiente: *Piensa en alguien más joven que tú a quien podrías invitar a tomar café esta semana. ¡Llámalo y aparta un tiempo para estar con él!*

>>>———→

ILUMINA UN SENDERO

Tu palabra es una lámpara a mis pies; es una luz en mi sendero.

—Salmos 119.105

Hace unos años atrás estaba sentada en una cafetería aquí en Nashville enfrente de una joven que me contaba sus achaques y dolores y los asuntos de fe que, en su mente, estaban directamente relacionados con su soltería. (Te entiendo, hermana). Ella no lloraba, pero yo tenía una servilleta de papel en la mano porque estaba convencida de que lo haría en cualquier momento. Me contó historias, muchas que yo sentía que estaba sacando de mi propio diario cuando era una jovencita cristiana y soltera de poco más de veinte años, y le dije lo que nunca supe decirme a mí misma.

«Lo sé. Duele. Pero Dios no se ha olvidado de ti. Él te está mostrando su amor por ti, incluso ahora. Créele a Él. Cree en su Palabra. Cree en su corazón».

Acababa de empezar a escribir públicamente sobre mi vida de soltera, y esta chica lo había notado. Y me preguntó: «¿Por qué ahora? ¿Qué ha pasado en este año que finalmente te ha hecho querer hablar de ello?».

«Dios», le dije. «Él me dejó claro que este era el momento correcto».

Sin dudar, ella me dijo: «Me alegro mucho. Todas necesitamos exploradores. Ahora que veo que tú *has hecho* esto, creo verdaderamente que yo también puedo hacerlo».

Casi me reí. ¿Exploradora? Amiga, si esto es explorar, soy la líder más payasa, mal equipada y quejumbrosa que un equipo haya podido tener jamás.

«Lámpara es a mis pies tu palabra y lumbrera a mi caminar», canto en mi mente mientras salen las lágrimas y continúo en este sendero. Para ser sincera, nunca pretendí que este fuera mi camino, pero ¿puede mi dolor facilitarle el camino a otra persona?

> *«Todas necesitamos exploradores. Ahora que veo que tú has hecho esto, creo verdaderamente que yo también puedo hacerlo».*

Tú, amigo mío, casado o soltero, hombre o mujer, estás iluminando un sendero con tu vida para las mujeres y hombres más jóvenes que vienen detrás. Ellos tendrán su propio crecimiento para desafiarlos, y ellos abrirán camino para otros.

Porque tú estás recorriendo un camino para ellos, evitándoles algunos dolores que tus brazos ensangrentados demuestran que son reales, y honrando sus huellas mostrándoles un camino claro.

Tienes la oportunidad de vivir valientemente. Fuiste creada para ello, naciste para ello. Nunca parece fácil, y nunca es gratis. Pero es lo que queremos más que cualquier otra cosa.

Nunca olvides según avanzas en tu vida que eres una exploradora.

SÉ VALIENTE: *¿Dónde estás explorando?*

Día ochenta

>>>———

TODO LO QUE TIENES ES DE DIOS

Del Señor es la tierra y todo cuanto hay en ella, el mundo y cuantos lo habitan.

—Salmos 24.1

Nacemos con una mentalidad de «¡mío!». Nuestras cosas, nuestro dinero, nuestros talentos, nuestro currículum, nuestro estatus como humanos... todo ello moldea nuestra identidad.

Pero Dios nos da una nueva identidad en Cristo. Ahora somos de Él. Somos mayordomos de sus cosas. Así que tu tiempo, tu dinero, todos tus recursos, incluso tu historia, es de Dios, amiga mía.

Vivir con ese entendimiento requiere valentía porque lo natural es que queramos reclamarlo todo: ¡mío, mío, mío! Queremos el crédito y el control de todo lo bueno en nuestra vida, y queremos decidir cómo vivir en base a lo que queremos.

¿Vivir para el yo? Eso es fácil. ¿Vivir como si todo lo que tienes fuera de Dios (porque lo es)? Eso es valentía.

No escribí sobre mi soltería durante mucho tiempo, y sinceramente, a menudo aún siento el impulso de estar silenciosamente soltera. Sería más fácil. No tendría que contarle a nadie algunas de las historias tristes o que me da vergüenza contar y que tú has leído en mis libros, muchas de las cuales suceden en la soltería que llevo puesta cada día. Pero a pesar de que me sometí voluntariamente a la voz de Dios que me decía que usara mi historia para animar a otros, sé que esto

> *¿Vivir para el yo? Eso es fácil. ¿Vivir como si todo lo que tienes fuera de Dios (porque lo es)? Eso es valentía.*

me dolerá a veces. Y no soy lo suficientemente fuerte para escribir sobre ello.

Pero sigo escribiendo. La verdad es que estoy haciendo esto no con mis propias fuerzas. Créeme. La Annie interior está llorando y rogándome que lo deje y me vaya; que abandone.

Es Dios en mí, preguntándome amablemente si estoy dispuesta a ser valiente por ti y compartir mi historia, esta historia que le pertenece a Él, como yo te estoy pidiendo que seas valiente para otros.

Si es mi momento de hablar sobre estar soltera, entonces es el momento que le dará a Dios la máxima gloria y a nosotras el mayor bien.

¿Y cómo es tu caso? ¿Has tenido demasiado miedo de contar tu testimonio de redención porque no quieres que se sepan tus pecados ocultos? ¿Te asusta demasiado entregar tus recursos porque tienes miedo de que no tendrás lo que «necesitas» para hacer lo que quieres hacer?

Todo lo que tienes es de Dios. Dios ha sido generoso contigo. Aunque no estés satisfecha o estés herida o viviendo una época de batallar, ¿eres lo suficientemente valiente para creer que Dios ha sido generoso contigo incluso aunque no tengas todo lo que quisieras?

Él lo ha sido, amiga. Todo es suyo. Así que sé valiente para administrar todo lo que tienes de una forma que muestre la gran generosidad de Dios.

SÉ VALIENTE: *Haz una lista de todos los dones que Dios te ha confiado para que administres: tiempo, dinero, etc. Ninguna cantidad es demasiado pequeña. ¡Mira todo lo que tienes que ofrecer al mundo!*

Día ochenta y uno

>>> ———

SÉ GENEROSA CON
TU TIEMPO

Ayuden a los hermanos necesitados. Practiquen la hospitalidad.

—ROMANOS 12.13

*D*urante muchos años fui líder voluntaria en el ministerio universitario de mi iglesia. Cada domingo por la tarde cuando terminaba
el servicio, nos íbamos juntos al gimnasio y comíamos cereales.
Sí, cereales. A los estudiantes universitarios les encantaba. Es divertido.
Mi trabajo durante un tiempo era supervisar la mesa de los cereales.

Ese era mi tiempo favorito de los eventos de los domingos por la
tarde. Hablaba con todos los estudiantes y conectaba con ellos semana tras semana. Por simple que parezca, esta era una parte importante de mi ministerio, y me encantaba.

Quizá estés pensando: *Está bien, Annie... pero ¿los diezmos de la
iglesia no se destinaban a pagar a personas para supervisar las mesas
de cereales?*

Sí, los miembros del equipo de trabajo de la iglesia que dan todo
su tiempo a servir en el ministerio aman el ministerio, pero reciben su
sueldo para poder vivir. Pero ¿sabes por qué lo hacía yo? Porque este

tiempo que tengo no es mío. Dios confía en que yo sea valiente y sea generosa con cada día que Él me da en este planeta.

¿Podría haber usado el tiempo que por lo general empleaba en servir los cereales para hacer otra cosa por mi carrera o hacerme la pedicura y manicura? Claro que sí. Pero quiero usar el tiempo de Dios de una forma que muestre su amor a otros.

Este tiempo que tengo no es mío.

Y eso me producía mucho gozo. Dar mi tiempo para mostrar hospitalidad a personas en necesidad... no hay una manera mejor que se me ocurra de pasar mi tiempo libre.

Dios existe fuera del tiempo. ¿No es una locura? Él no existe en nuestro pequeño horario, y el tiempo que nos ha dado fue creado por Él y le pertenece a Él. Así que, escucha, amiga: si Dios ha sido generoso contigo, sé valiente para ser desinteresada y generosa con tu tiempo.

Sé que puedes.

El enemigo quiere que creas que tu tiempo es tan precioso que tienes que conservarlo para ti misma. Pero servir a otras personas, dirigir grupos pequeños, hablar a tu vecina, lo que sea, ese tiempo es precioso y ese tiempo es sagrado, y Dios puede amar a la gente sobrenaturalmente cuando les das tu tiempo.

No es fácil dar tu tiempo a otros. Lo entiendo. Pero cuando surgen situaciones incómodas y te impiden hacer lo que quieres hacer, ¿eres lo suficientemente valiente para ser generosa con tu tiempo, confiando en que Dios tiene un propósito en ello?

SÉ VALIENTE: *Dedica una hora esta semana y sirve a otra persona.*

Día ochenta y dos

>>>>————

SÉ GENEROSA CON TU SABIDURÍA

Si a alguno de ustedes le falta sabiduría, pídasela a Dios, y él se la dará, pues Dios da a todos generosamente sin menospreciar a nadie.

—Santiago 1.5

Así que ahí está: la Biblia nos dice, claramente, que si queremos sabiduría y se la pedimos a Dios, Él nos la dará generosamente.

Generosamente.

Dios es muy generoso con nosotros. Él da buenos regalos a sus hijos, y la sabiduría es un regalo increíble; es lo único que le pidió Salomón, y Dios le dijo a Salomón que podía pedir *¡cualquier cosa!* (2 Crónicas 1.7)!

Así que escucha. Aquí es donde entra tu valentía. Dios te ha dado sabiduría, generosamente. (Si no la tienes, ¡pídesela!). Las personas valientes ofrecen su sabiduría generosamente a otros. (No opiniones. *Sabiduría*).

Muchas personas se acomplejan y piensan: ¿Qué sabiduría tengo yo que ofrecer? ¡Solo tengo veinte años! O *solo soy cristiana desde hace un año. Seguro que hay personas mejores para compartir su sabiduría.*

Escucha, amiga. Tú *siempre* sabes más que alguien.

> *Las personas valientes ofrecen su sabiduría generosamente a otros. (No opiniones. Sabiduría).*

Siempre.

Siempre hay alguien.

Quizá eres cristiana desde hace solo tres días, pero hay alguien que decidirá mañana seguir a Jesús. En serio. Así que siempre tienes algo que ofrecer. ¿Eres lo suficientemente valiente para creerlo? ¿Suficientemente valiente para compartir tu sabiduría?

Espero que recuerdes esto: el camino hacia la valentía está iluminado por la sabiduría de Dios. Su Palabra en la Biblia y mediante el Espíritu Santo para ti y a través de otros es como tú ves ese camino. Tú entras en eso. Pides eso. Ahondas en eso.

Él te dará sabiduría, y tú puedes dársela a otros. Tú, amiga, estás preparada para compartir la sabiduría de Dios porque tienes a Dios.

Puedes ser lo suficientemente valiente para creerlo. Sé que puedes. Y puedes ser lo suficientemente valiente para compartirla. Quizá con alguien más joven que tú. Un hermano. Una prima que quiere un consejo. O quizá es alguien mayor que tú que es nuevo en su fe. Pídele a Dios que te dé oportunidades de compartir sabiduría con otros hoy.

SÉ VALIENTE: *Pídele a Dios sabiduría en tu vida. (Esto es algo por lo que oro cada día). Y dedica algo de tiempo hoy a darle las gracias a alguien que haya sido una voz sabia en tu vida.*

Día ochenta y tres

SÉ GENEROSA CON TU DINERO

Nadie puede servir a dos señores, pues menospreciará a uno
y amará al otro, o querrá mucho a uno y despreciará al otro.
No se puede servir a la vez a Dios y a las riquezas.

—MATEO 6.24

Nunca olvidaré el tsunami que afectó al sudeste de Asia en 2004. En esa época yo era maestra, y estábamos en las vacaciones de Navidad. Cuando retomamos las clases, mis alumnos tenían muchas preguntas y deseos de hacer algo para ayudar.

A través de la Cruz Roja descubrimos que podíamos donar dinero para proveer comida y refugio a las personas afectadas, así que empezamos una colecta de monedas. Niños de toda la escuela traían monedas y las metían en un bote. Los viernes, llevábamos el bote a nuestra clase y volcábamos el dinero en el piso. Una mesa de alumnos clasificaba las monedas según su valor. Después, empaquetaban las monedas.

¿Puedes creer que en un mes recogimos más de mil dólares? (Y mis alumnos no se quedaron ni con un solo centavo). Pudimos proveer más de veinte tiendas de campaña grandes para las personas de

¿Estás usando tu dinero de manera que lo honre a Él?

Asia. Cuando comenzó la colecta, no creí que tendríamos ese resultado, especialmente cuando era dirigida por veinticinco alumnos de quinto grado. Pero con sus dulces manos recogieron dinero, empaquetaron monedas y escribieron cartas para mandar a los padres. Fueron siervos. Y Dios fue honrado con su ofrenda.

Jesús dijo que no puedes servir a Dios y al dinero. Simplemente no funciona. Quizás pienses que no amas más al dinero que a Dios, pero ¿a dónde está yendo tu dinero?

¿Estás usando tu dinero de manera que lo honre a Él? ¿De manera que sirva a su pueblo? ¿Estás siendo irresponsable con tu dinero y vives de tus tarjetas de crédito?

Dios nos bendice cuando le damos nuestros diezmos y ofrendas. Él usa nuestro dinero para esparcir su amor a otros, y nos bendice abundantemente cuando somos generosos.

No es fácil. ¡Lo sé! Pero ¿eres lo suficientemente valiente para creer que si eres generosa con tu dinero, no te faltará?

Camina en obediencia a la Palabra de Dios, y sé generosa con tu dinero. Toma este paso de valentía hoy, y observa cómo Dios bendice a otros, y a ti misma, a través de él.

SÉ VALIENTE: *Da un poco de dinero hoy a una iglesia, una organización, una amiga o a algún grupo al que quieras apoyar.*

Día ochenta y cuatro

>>> ———————

SÉ GENEROSA CON TUS PALABRAS

Panal de miel son las palabras amables: endulzan la vida y dan salud al cuerpo.

—Proverbios 16.24

Las personas valientes toman la Palabra de Dios y declaran palabras de amor sobre las vidas de otros. Las personas valientes permiten que Dios les ame y saben que están equipadas para todas las maneras de usar sus palabras para declarar amor.

El versículo de hoy es muy bonito y cierto. ¿Alguna vez has estado en compañía de alguna persona cuyas palabras simplemente te irritan? Podemos usar nuestras palabras para herir a otros, para ser negativos, para contar rumores y quejarnos.

O podemos ser valientes y salir a un mundo negativo y cínico donde las personas quieren escuchar rumores y negatividad, y en cambio ser generosas con nuestras palabras y usarlas para producir vida.

Si nos enfocamos en eso (si cada día nuestro objetivo es ser generosas, estar llenas de gracia y declarar amor con nuestras palabras), nuestras mentalidades negativas se desplomarán. Dejaremos de maldecir porque no encaja con quien queremos ser. El sarcasmo se reducirá porque no quieres hacerle daño a alguien con tus palabras, aunque sea por accidente. Los chistes inapropiados quizá sigan llegando a tu mente, pero no saldrán de tu boca.

Cuando aplicamos la Palabra de Dios diligentemente y como rutina, las cosas más pequeñas se caen solas. Dios nos renueva una y otra vez, y podemos ser intencionales y generosas con nuestras palabras hacia nosotras mismas, hacia los demás y hacia Dios.

Las personas valientes declaran palabras de amor sobre las vidas de otros.

Espero que hoy escribas una nota. A quien sea. A quien necesite que palabras de vida sean derramadas en su corazón. Espero que defiendas a las personas que no pueden defenderse por sí mismas. Y espero que pienses antes de hablar, eligiendo palabras que sean regalos de luz y que no causen muerte.

Amiga, sé valiente. Sé diferente en un mundo que usa palabras para herir. Usa tus palabras para sanar y úsalas a menudo. Da esas palabras de vida que se encuentran en la Escritura a todas las personas que puedas.

SÉ VALIENTE: *Escríbele una nota a alguien que amas que haya sido importante para ti últimamente. Si puedes, ¡mándasela por correo para que le sorprenda una bonita carta por correo postal!*

Día ochenta y cinco

>>>>————→

SÉ GENEROSA
CON TU CASA

No se olviden de hacer el bien y de compartir con otros lo que
tienen, porque esos son los sacrificios que agradan a Dios.

—Hebreos 13.16

Bill fue el primer hombre al que amé. Era un chico alto, rubio,
y tenía dieciséis años. Yo tenía tres. Era tímido y callado, pero
siempre hablaba conmigo. Y él me escuchaba porque, tanto
antes como ahora, soy muy habladora. A él le encantaba sentarse a
mi lado durante la cena. Nunca se perdía una fiesta familiar. Por mi
tercer cumpleaños me regaló una cámara de plástico (el flash era un
pequeño cubo multicolor situado en una esquina superior que giraba
al pulsar el botón).

Yo estaba segura de que él era la persona más increíble que jamás
existió en la tierra. Bill era el hermano pequeño de mi papá en el programa de Big Brothers Big Sisters por medio del club Boys and Girls
Club en nuestro pueblo.

Tengo muchos y claros recuerdos de Bill. Papá lo recogía y lo traía
a casa un par de veces al mes y él se quedaba a pasar el día o el fin de
semana.

Recuerdo dónde estaba sentado en el sillón cuando abrí ese regalo de cumpleaños, y aún puedo ver su cara sonriente y risueña cuando le hice una foto con mi cámara de plástico y su flash de colores. El juguete no tenía carrete, pero nunca me dijo que él ya lo sabía.

Mi papá conoció a Bill durante mucho tiempo, ya que lo asignaron para que estuvieran juntos desde que Bill tenía ocho años. Pero para ser el primer hombre al que amé, no pude pasar suficiente tiempo con Bill. En la Navidad de 1983, Bill murió en un accidente de tráfico. Volvimos a casa de un evento familiar navideño con la familia de mi madre en Macon (Georgia), y el padre de mi papá estaba esperándonos en la entrada de la casa. Aún puedo ver al abuelo Jack a través del cristal, esperando junto a su auto para darle la noticia a mi papá.

Mi papá me dio una lección con Bill, en su vida y en su muerte, que ha continuado enseñándome una y otra vez durante toda mi vida: sé lo suficientemente valiente para amar a las personas que están a tu alrededor, incluso si parece un sacrificio o parece que pierdes el tiempo.

Mis padres acogieron a Bill en nuestra casa. Una y otra vez. Lo trataron como familia Y ¿sabes qué? Lo perdimos. Y se rompieron corazones.

Pero mientras Bill estaba en la tierra, compartimos nuestra casa y nuestra familia con él.

Para muchos, la casa es un santuario. Es un lugar donde vas a retirarte de un mundo que puede ser muy duro y oscuro. Y ser generosa con tu casa no es fácil. Puede que quieras estar sola. Puede que no quieras compartir tu tiempo. Incluso puede que tengas miedo de apegarte y después perder a la persona que has acogido, como nos pasó con Bill.

Pero las personas valientes reconocen que pueden usar su casa para amar a otros con el amor de Cristo. Las personas valientes son generosas con sus casas. Las personas valientes comparten, incluso sus santuarios, con otros.

Tanto si significa dejar que personas vivan contigo o invitar a alguien a cenar, ¡tú puedes hacerlo!

Cuando yo era más joven, especialmente cuando estaba en la universidad, hubo una familia que me hizo sentir que podía ir a su

Ser generosa con tu casa no es fácil.

casa cuando quisiera. ¿Sabes qué? Sentí como si tuviese otro hogar. Me enseñaron con su ejemplo que no tienes que aferrarte tan fuertemente a todo. No tienes que vivir así. Sé generosa con tu casa.

SÉ VALIENTE: *Invita a alguien a cenar a tu casa. Deja que viva en tu casa un poco y que se sienta cuidada y amada.*

LO QUE TIENES DEBERÍA AFECTAR EL LUGAR DONDE TE ENCUENTRAS

Mándales que hagan el bien, que sean ricos en buenas obras, y generosos, dispuestos a compartir lo que tienen. De este modo atesorarán para sí un seguro caudal para el futuro y obtendrán la vida verdadera.

—1 TIMOTEO 6.18-19

Las personas valientes se niegan a sí mismas y sirven a otros. Las personas valientes son las que toman lo que Dios les ha dado, y dan generosamente. Amiga, tus recursos deberían causar un impacto allí donde vayas.

Tu tiempo. Tu dinero. Tus talentos.

Esta semana, sirve a alguien con tus manos. Permite que el Señor te guíe hacia aquellos que necesitan un gesto amoroso, y abrázalos.

Las personas a las que abraces, toques y ames durante esta semana pueden cambiar porque les abrazaste y les mostraste el amor de Cristo de una manera tangible.

Tu casa debería ser diferente porque estás dentro de ella. Puedes mirar a tu alrededor, a tu familia y a las paredes que la sostienen, y ver ese lugar como un campo de misiones. Mira tu hogar como un lugar donde puedes amar y perdonar, y marcar la diferencia.

Te voy a contar un secreto. (Y si más gente se entera, ya sé quién se lo dijo). Soy una persona bastante egoísta. Algunas personas en este mundo son siervos por naturaleza. Inmediatamente piensan en los demás antes que en sí mismas, se prestan voluntariamente siempre que pueden, y de alguna manera llevan una sonrisa puesta mientras lo hacen. Si tú eres así, te felicito. (Y humildemente te pido que me enseñes a ser como tú). Pero yo no soy así. Tengo que decidir trabajar y enfocarme en atender a otras personas antes que a mí misma.

Tus recursos deberían causar un impacto allí donde vayas.

Porque quiero que los lugares a donde voy sean tocados por el amor de Dios.

Tus recursos financieros, sean grandes o pequeños, deberían estar marcando la diferencia en este mundo: extendiendo el reino de Dios.

Den, amigas. Sean valientes y pónganse a sí mismas, sus deseos, su dinero y su tiempo en segundo lugar, para que lo que tienen (lo que Dios les ha dado para que administren) marque una diferencia allí donde vayan.

SÉ VALIENTE: *Haz una lista de maneras en las que quieres ser valientemente generosa.*

VALENTÍA SUFICIENTE PARA ESTAR DONDE ESTÁS

Está presente allí donde estés.

Día ochenta y siete

>>>———

LUGARES SAGRADOS

—No te acerques más —le dijo Dios—. Quítate las sandalias,
porque estás pisando tierra santa.

—ÉXODO 3.5

A lo largo del Antiguo Testamento vemos que Dios va a ciertos
lugares y esos lugares son sagrados. Moisés se tuvo que quitar las
sandalias para estar en la presencia de Dios.

Pero nosotros tenemos a Jesús. El Espíritu Santo vive en nosotros.
Ya no estamos atadas a las leyes del Antiguo Testamento. No tenemos
que entrar en un tabernáculo para estar con Dios. No tenemos que
quitarnos los zapatos. Podemos simplemente hablar con Él cuando
estamos en la cama, cuando nos estamos pintando las uñas, o cuando
estamos doblando la colada o haciendo las cuentas mensuales.

Gracias a este increíble acceso directo al Padre a través de Jesús,
es fácil acostumbrarnos y olvidar que nuestro Dios es santo y merece
nuestro temor y respeto.

Sí, podemos hablar con Él dondequiera que estemos, pero creo
que también es muy importante tener un lugar sagrado donde nos
encontremos con Él. Si no lo tienes, es difícil ser intencional. Somos
humanos, después de todo, así que podríamos olvidar que Dios es
Dios y que le debemos nuestra reverencia.

¿Tienes un lugar en tu casa donde pasas tiempo con Dios?

El mío es mi sillón de espirales. Es de color marrón kaki (casi parece un dorado tenue), y tiene unas increíbles espirales negras. Parece una hermosa silla normal y corriente, ¿verdad? Para mí es sagrada. Es especial.

Es a donde voy cuando estoy hablando con Dios, cuando estoy leyendo su Palabra y cuando le estoy buscando.

Ahora bien, no es el único lugar a donde voy, pero es un lugar especial.

Las personas valientes son personas intencionales, y tienes que ser intencional cuando se trata de tu tiempo con el Señor. No puedes esperar ser valiente sin pasar tiempo con Él (que es la razón por la que tienes la capacidad de ser valiente).

Sí, podemos hablar con Él dondequiera que estemos, pero creo que también es muy importante tener un lugar sagrado donde nos encontremos con Él.

Encuentra tu lugar sagrado. No tiene que ser lujoso. Las espirales de tu sillón no tienen que ser de oro. Simplemente encuentra un lugar en tu hogar, y hazlo sagrado.

SÉ VALIENTE: *¿Tienes un lugar sagrado? ¿Dónde está? ¿Qué significa para ti? (Si no tienes un lugar que sientas que es sagrado, ¡busca uno! ¡Hazte uno!).*

Día ochenta y ocho

>>>>————

ESTÁ PRESENTE
DONDE ESTÉS

Y este es mi mandamiento: que se amen los unos a los otros,
como yo los he amado.

—Juan 15.12

El misionero Jim Elliot dijo: «Dondequiera que estés, está ahí».
Creo que eso es muy importante. Dondequiera que vivas, dondequiera que trabajes, dondequiera que salgas a divertirte, está ahí. Para poder hacer eso, a veces tengo que dejar a un lado mi celular.

¿Has hecho eso últimamente? ¿Simplemente dejar tu celular e ignorarlo un rato?

Nuestra cultura sufre mucho por toda esta idea de «FOMO», o «el miedo a perderse algo».

Constantemente miramos nuestros teléfonos inteligentes. Facebook. Instagram. Twitter. Correo electrónico. Mensaje de texto. No nos queremos perder nada… pero de alguna manera, cuando mi cara está metida en mi celular, creo que realmente me pierdo todo.

Dios nos ama tanto que nos dio su todo y nos pide que amemos a otros de la misma manera que Él nos amó. Amar a otros significa estar presente durante su dolor y estar presente durante su alegría. Significa estar ahí.

Quizá no seas tanto de celular. Quizá para ti es la televisión, o un buen libro. Pero tú sabes a qué te diriges cuando quieres escapar. Todas necesitamos tiempos de descanso, pero no lo conviertas en una muleta o apoyo. Déjalo a un lado.

¿Eres lo suficientemente valiente para creer que no te estás perdiendo nada? ¿Eres lo suficientemente valiente para creer que dondequiera que estés, puedes estar ahí presente, y que es exactamente donde quieres estar?

Porque esa es la verdad.

Amar a otros significa estar presente.

Piensa en las personas que contagian el amor de Jesús. Cuando hablas con ellas, ¿están distraídas? ¿Están haciendo varias cosas a la vez? Apuesto a que no. Apuesto a que están ahí contigo. Apuesto a que están escuchando y orando activamente por ti, siendo específicos, porque son lo suficientemente valientes para estar ahí presentes.

Hoy, sé intencional y está presente allí donde estés.

SÉ VALIENTE: *¿Y si te tomas un descanso de tu celular durante unas horas? ¿O un día entero? Déjalo y aléjate. Nota la punzada de dolor que llega cuando piensas que te estás perdiendo algo, ¡pero también abrázala!*

>>>>———→

DONDE TE ENCUENTRAS CON DIOS

¡Alégrense los cielos, regocíjese la tierra! ¡Brame el mar y todo lo que él contiene! ¡Canten alegres los campos y todo lo que hay en ellos! ¡Canten jubilosos todos los árboles del bosque!

—Salmos 96.11-12

Una mañana, mi corazón se despertó antes que mi mente. Y mientras mi mente me decía: ¡Hermana, sigue durmiendo! mi corazón sabía que algo pasaba. He sido yo misma el tiempo suficiente para saber cuándo le tengo que hacer caso a ese pequeño sentimiento.

Así que me levanté, me puse los zapatos, caminé hacia el agua y me subí a la torre 52 de vigilancia de los socorristas de la playa de Newport, en el Sur de California. Le pregunté a Dios qué era tan importante, suponiendo que teníamos algo sobre lo que hablar, ya que estaba claramente despierta por un motivo.

Y no era nada.

Ninguna agenda.

Ningún tema.

Simplemente estábamos ahí.

Simplemente sentados. Simplemente estando.
Simplemente juntos.

Puse música de alabanza, un álbum de Brian y Jenn Johnson, y los ojos se me llenaron de lágrimas. Porque después de todos estos años juntos, es muy bonito que el Señor a veces me despierta simplemente para pasar un rato juntos.

Esa mañana me encontré con Dios a través de la naturaleza. Su creatividad en la naturaleza hace crecer algo en mí, en lo profundo de mi alma. Miré al interminable océano que Él creó con simples palabras y me acordé de cuánto me ama.

Su amor me hace valiente y no hay ningún lugar en el que más me guste estar que sentada en medio de su creación. Sentada en la naturaleza.

Cuando estoy en casa, a menudo voy a Radnor Lake. Es un lugar precioso y no puedo recorrer esos caminos sin que mi corazón alabe.

> *No hay ningún lugar en el que más me guste estar que sentada en medio de su creación.*

Pasar tiempo en la creación de Dios, en su presencia, te hará valiente. Puedes ser valiente porque le perteneces a Dios. Hoy, incluso si significa salir de tu oficina y sentarte bajo un árbol, pasa tiempo en su creación y recuerda lo amada que eres y lo valiente que puedes ser.

SÉ VALIENTE: *Compra* After All These Years *de Brian y Jenn Johnson. ¡Te va a encantar ese álbum! Sal afuera, métete en la naturaleza, y deja que la música llene tus oídos.*

Día noventa

>>>>———

TU HOGAR

Les hablo así, hermanos, porque ustedes han sido llamados a ser libres; pero no se valgan de esa libertad para dar rienda suelta a sus pasiones. Más bien sírvanse unos a otros con amor.

—GÁLATAS 5.13

M ientras más vivo, más estoy entendiendo que a menudo la valentía se muestra como sacrificio y servicio. Es en los lugares que encuentras más cómodos donde tienes que tener un detalle extra para dar. El hogar es donde descansamos. El hogar es donde encontramos paz, así que dar desde ahí, sacrificarte en ese lugar, es sacrificarte profundamente. Yo creo que es muy valiente.

Yo no tenía un lugar donde vivir cuando me mudé otra vez a Nashville desde Escocia.

Todas mis pertenencias estaban en un trastero en alguna parte del oeste de Nashville, y ya no tenía una dirección propia. Era Acción de Gracias, y planeaba haber encontrado algo en Navidad.

Antes de irme de Nashville el verano anterior había bromeado con mis amigos Luke y Heather sobre mudarme a vivir con ellos cuando volviese. En algún momento del otoño, Luke me llamó por Skype y me dijo que la broma era una oferta real. Me dejaban quedarme con ellos unas semanas mientras intentaba encontrar una casa.

Interrumpí sus vidas. Añadí un ser humano entero a su núcleo familiar de dos seres humanos. Necesitaba una llave, una cama, un baño y el Internet.

Al regresar a casa después de estar seis meses en el extranjero, estaba preocupada de que tuviese un choque cultural (con mi propia cultura). Gente, esto es real. Estar rodeada de una cultura extranjera, intentando adaptarte a ella, y después volver a casa puede hacer que una persona en su sano juicio pierda un poco la cabeza.

(Y yo normalmente no estoy bien de la cabeza. Así que tienes que sumarle eso).

Pero la casa de Luke y Heather fue un entorno muy cómodo, amigable y cálido. Decoramos el árbol de Navidad, fuimos al cine en chándal y fuimos caminando a Edley's, el nuevo restaurante del barrio. De hecho, otro amigo, Adam, también vino a vivir con nosotros, así que esas Navidades fuimos una pequeña familia de cuatro miembros.

Creo que el sacrificio de Luke y Heather me rescató del dolor de reajustarme a Nashville y a los Estados Unidos. Realmente lo creo.

Llegó Año Nuevo, y aún no había encontrado un lugar donde vivir. Sin quererlo, las semanas se convirtieron en meses, y no fue hasta mediados de febrero cuando hice la maleta y me mudé a una casa un poco más abajo en esa misma calle.

El hogar es donde encontramos paz, sacrificarte en ese lugar, es sacrificarte profundamente.

Luke y Heather nunca se quejaron. Charlamos abiertamente y honestamente de ello en varias ocasiones, pero ellos siguieron dando: su hogar, su tiempo, su dinero y sus corazones.

Es valiente dejar que alguien que no es de tu familia viva en tu casa.

¿Cómo puedes ser valiente en tu hogar con las personas con las que vives? ¿Invitarás a alguien a vivir contigo durante un tiempo? ¿Eres lo suficientemente valiente para ser amable con tu esposo? ¿Puedes ser la primera en descargar el lavaplatos? ¿Puedes sacar la basura aunque debiera ser otra persona la que lo hiciera? ¿Cómo es servir y ser valiente en tu propio hogar?

¿Eres lo suficientemente valiente para encontrar tu lugar, incluso si tu lugar es aquí mismo? ¿Incluso si tu lugar es tu hogar?

SÉ VALIENTE: *Dale gracias a Dios por tu hogar, el lugar donde vives, y preguntale cómo puedes ser valiente con tu casa.*

Día noventa y uno

>>>>———

TU BARRIO

El segundo es: «Ama a tu prójimo como a ti mismo». No hay otro mandamiento más importante que estos.

—MARCOS 12.31

Jesús dijo que el segundo mandamiento más importante después de amar a Dios era amar a tu prójimo. Así que aquí va mi pregunta: ¿y si Jesús realmente se refería a las personas que viven a tu alrededor, como por ejemplo tu vecinos?

Claro que podemos hacer que este versículo se refiera al resto de personas, como vecinos en otros países, vecinos al pagar la compra, y demás.

Pero amiga, tienes vecinos reales, almas reales a tu alrededor que necesitan esperanza y necesitan saber que la esperanza se encuentra en Jesús.

Así que, ¿quiénes son esos vecinos? Son las mamás en el gimnasio. Son las personas en tu escuela. Cuando sales por la puerta de casa, si haces un círculo de 360 grados, son todas esas personas. ¿Las conoces? ¿A qué se dedican, y qué estás haciendo tú para servirles y atenderles?

Mi papá vive creyendo que deberías preocuparte por las personas más cercanas a ti.

Uno de los mejores amigos de la infancia de mi papá crió tres varones prácticamente él solo. De vez en cuando mi papá se llevaba a los

> *Puedes ser lo suficientemente valiente para observar a aquellos que te rodean en lugar de simplemente pasar de largo.*

chicos a comer o nos llevaba a pasar un rato con ellos a jugar en el parque. Mi papá ha hecho trabajos de contabilidad para algunas familias incluso cuando no tenían suficiente dinero para pagarlo (aunque un par de veces recibimos productos agrícolas frescos como pago). Mi papá quedó con una amiga mía cuando ella perdió su trabajo y no sabía qué hacer por su falta de ingresos. (¿He mencionado que mi papá es muy inteligente y que todos quieren sus consejos?).

Mi papá sirve en nuestra comunidad local con su tiempo, dinero y sabiduría. Sería más fácil preocuparse solamente de nuestra familia. Créeme: le damos más que suficiente para preocuparse. Sin embargo, se preocupa por muchas familias y hace lo que puede para ayudarles. Sería más fácil preocuparse solamente de su empresa, pero escoge ayudar a otros y a sus sustentos.

Marietta (Georgia) es mejor porque mis padres viven allí.

¿Cómo cambia tu barrio al vivir tú allí? Puedes ser lo suficientemente valiente para observar a aquellos que te rodean en lugar de simplemente pasar de largo. Puedes ser lo suficientemente valiente para servirles y amarles, y Dios te usará, amiga. Estarás cumpliendo tu misión de ser luz en este oscuro mundo.

SÉ VALIENTE: *Preséntate a algún vecino que no conoces. Hazte amiga de alguien que viva cerca de ti.*

Día noventa y dos

>>>> ➤

TU CIUDAD

Además, busquen el bienestar de la ciudad adonde los he
deportado, y pidan al SEÑOR por ella, porque el bienestar de
ustedes depende del bienestar de la ciudad.

—JEREMÍAS 29.7

*D*ios te ha puesto en tu ciudad con un propósito. Incluso si ahora
mismo te gustaría vivir en otro lugar, incluso si estás en una
base militar durante una temporada, e incluso si tienes sueños
más grandes. Así que, ¿cómo es amar la ciudad donde estás?

¿Por qué es *aquí* tu lugar en el mapa? ¿Por qué has escogido este
pueblo, de todos los pueblos del mundo, para que sea tu hogar? Quizá
no lo escogiste tú. Pero estás ahí.

Cuando piensas en el puzle de tu vida, el código postal es una
pieza importante.

Cuando estaba en mis últimos años de secundaria me puse en
medio de la plaza de Ciudad Cortés, en Costa Rica, y compartí el
evangelio a través de un intérprete, y sin embargo uno de mis mejores
amigos de mi academia en Georgia no era creyente y ni siquiera le
había hablado de Jesús.

¿Por qué a veces cuesta más hablar de Jesús en casa? ¿Por qué estoy más dispuesta a apuntarme a un viaje misionero a México que a servir a las personas sin hogar de Nashville?

Porque ser valiente en casa significa servir.

Cuando mi grupo pequeño de estudiantes universitarias cumplió un año, decidimos servir.

Llegamos al sur de Nashville, y llegamos a un paso elevado donde muchas personas se juntaban bajo un puente. Un grupo de alabanza estaba tocando y usaban un sistema de sonido de esos que te hacen daño a los oídos (como el que usaría un predicador itinerante en los años ochenta). Las personas sin hogar estaban sentadas en filas y filas de sillas, cada uno con un plato de comida en sus piernas mientras los voluntarios ayudaban a acomodar a todos.

¿Cómo es amar la ciudad donde estás?

Ocurre cada martes por la noche en nuestra ciudad. El ministerio de alcance de The Bridge (El Puente) alimenta a hombres, mujeres y niños sin hogar con un gran plato de comida saludable, y después alguien comparte la historia de cómo Dios le ha cambiado la vida. A medida que las personas se van, llenan bolsas con productos frescos donados por supermercados locales.

Mi grupo pequeño y yo nunca habíamos ido, pero nuestra iglesia va una vez al mes los martes en la noche, así que sabíamos que era un ministerio respetado en el que nos podíamos involucrar.

Las muchachas estaban nerviosas, y durante los primeros minutos revoloteaban cerca de mí como hacen los pollitos con sus mamás gallinas. Pero después se pusieron en la fila junto con el resto de voluntarios y empezaron a servir. Cargando comida. Ayudando a otros a encontrar sitio. Repartiendo fruta, verduras o grandes bolsas de pan al terminar la noche. Estuvimos allí unas horas, pero la experiencia se quedó con nosotras durante mucho más tiempo.

Se necesita valentía para servir en lugares nuevos cercanos a ti. Estaba muy orgullosa de mis chicas por intervenir y ser parte de una experiencia donde no sabían qué iba a pasar.

Puedes ser valiente aquí. En tu ciudad.

Sé valiente: *Préstate voluntariamente en tu ciudad. Sirve al lugar donde vives de alguna manera.*

Día noventa y tres

TU PAÍS

> Todos deben someterse a las autoridades públicas, pues no hay autoridad que Dios no haya dispuesto, así que las que existen fueron establecidas por él.
>
> —ROMANOS 13.1

Estoy escribiendo esto en un punto extraño en la historia de los Estados Unidos. Donald Trump ha sido elegido presidente de los Estados Unidos, y el país está lleno de personas que no están contentas con eso. (Y muchas que sí están contentas).

Algunas no están contentas porque no querían que él fuera el presidente. Algunas votaron por él, pero solo porque sentían que no tenían otra opción mejor. E incluso quienes lo apoyan no están del todo felices porque tienen que lidiar con la indignación del otro bando. Nadie está especialmente feliz, o eso parece.

La nación está muy dividida ahora mismo, pero cuando leemos la Palabra de Dios, vemos que las personas valientes confían en Dios acerca de quién está o no en autoridad sobre ellas.

El día después de la victoria de Trump, Stephen Colbert, el presentador del programa *Late Show*, dijo algo parecido a esto: tu país es como tu familia, no puedes simplemente irte cuando no eres feliz.

¿Qué significa esto para ti? ¿Eres una estadounidense que desearía que su país fuera distinto? ¿O a lo mejor vives en un país donde los cristianos son perseguidos abiertamente?

No importa cómo sea el gobierno de tu país ahora mismo, puedes ser valiente en medio de él.

¿Cómo es ser lo suficientemente valiente para quedarte o respetar a tu país, a pesar de no estar de acuerdo con todo lo que hace el liderazgo del país?

> *Las personas valientes confían en Dios acerca de quién está o no en autoridad sobre ellas.*

Ser valiente es orar. Es orar para que tus líderes se vuelvan a Cristo. Es amar a las personas de tu país y mantenerte firme en tus valores bíblicos.

Sin importar cuál sea el estado político mientras lees esto, puedes ser valiente en medio de ello. Sigue adelante, amiga.

SÉ VALIENTE: *Ora por el liderazgo de tu país.*

Día noventa y cuatro

EL MUNDO

Les dijo: «Vayan por todo el mundo y anuncien las buenas nuevas a toda criatura».

—MARCOS 16.15

¿Alguna vez has ido a un viaje misionero? ¿Alguna vez has dejado tu país natal para hablarles a otros países sobre Jesús?

Si no lo has hecho, te sugiero fuertemente que lo hagas. Necesitas ver otros lugares del mundo porque necesitas ver cómo ellos ven a Dios.

En cada ciudad del mundo viven personas. Hombres y mujeres como tú. Chicos como tu hermano. Padres como los de tu mejor amiga. Maestros como los que te dieron un sobresaliente en química incluso cuando probablemente no te lo merecías. Casi siete mil millones de personas viven en la tierra ahora mismo. Cada día nacen casi 350,000 bebés. Eso es casi la mitad de la población de todo el estado de Alaska. Eso son muchas personas. Cada persona tiene un nombre. Una cara. Un corazón que necesita escuchar las buenas noticias de Jesús.

No me importa si vas a un viaje de misiones de seis días o de seis meses; cuando vas al mundo, estás intercambiando tu vida por la vida de un extraño. Y para eso se necesita valentía.

Si queremos ver a Dios glorificado por todo el mundo, tenemos que ser lo suficientemente valientes para ver el valor en todas sus formas. Y tenemos que hacer *la cosa.* Yo no puedo echar un vistazo a tu vida y decirte qué es esa cosa hoy, pero sé lo suficiente para entender que las decisiones valientes que tomas a los quince años afectan las decisiones valientes que tomas a los veinticinco, y son diferentes a los momentos valientes que enfrentas a los treinta y cinco y a los cincuenta y cinco.

Necesitas ver que el mundo es grande y diverso.

Si nunca has ido, ve. Si nunca has tenido un momento donde nadie a tu alrededor habla tu idioma, comparte el mismo tono de piel o sabe cómo funcionan las escuelas de educación primaria, tienes que ir. *Necesitas* eso. Necesitas ver que el mundo es grande y diverso, y que quizá Dios no es o no suena igual en todo el mundo porque viviendo en él hay muchas personas que no son ni suenan igual, todas ellas hechas a imagen de Dios.

Ahorra tu dinero. Gana dinero. Conecta con una organización que envíe misioneros, o una organización sin fines de lucro. Sé valiente y manda ese primer correo electrónico que diga: «¿Puedo ir a África con ustedes?», o «sí, me gustaría estar en ese equipo de misiones a México».

Haz lo que tengas que hacer para ampliar tu mapa. Porque si vas donde nunca has ido, verás a Dios de maneras que nunca antes lo has visto.

Sé valiente: *Considera ir a un viaje misionero con tu iglesia local o una organización misionera como JUCUM.*

Día noventa y cinco

>>>———▶

JERUSALÉN

Pidamos por la paz de Jerusalén: «Que vivan en paz los que te aman. Que haya paz dentro de tus murallas, seguridad en tus fortalezas».

—Salmos 122.6-7

He estado en Jerusalén dos veces, y me encanta la ciudad, tanto las partes antiguas como las nuevas. Se percibe un ambiente sagrado. Sientes que es tan antigua como realmente es, pero también sientes que algo fresco se está agitando. La comida es deliciosa; las calles de adoquines reflejan historia que realmente importa; los dueños de las tiendas son amables. Es un lugar precioso.

Y Jesús estuvo allí.

Dios nos habla de esta ciudad a lo largo de toda la Biblia. Nos dice que oremos por la paz de Jerusalén. Jerusalén es la única ciudad por la que Dios nos pide específicamente que oremos.

Así que lo haremos. Dios nos pide que oremos por la paz de Jerusalén.

En Génesis 12, Dios promete bendiciones a aquellos que bendicen a Israel y maldiciones a aquellos que la maldicen.

Aparte de que Jerusalén es la tierra santa y el centro de la vida judía, Jerusalén está profetizada para ser la escena del regreso de Cristo en Hechos 1.11 y Zacarías 14.4.

La oración es nuestra conexión más directa con Dios: tu voz a su oído. No tengo ningún tipo de información infiltrada sobre la oración. No entiendo por qué a veces parece «funcionar» y otras no. Puedo hacerte una lista de oraciones que he pronunciado a lo largo de los años y no entiendo qué hizo Dios con ellas.

Jerusalén es la única ciudad por la que Dios nos pide específicamente que oremos.

Hemos hablado sobre el poder de la oración, y gente, es real. La oración cambia cosas.

Así que cuando ores por lugares como tu hogar, tu barrio, tu ciudad, tu país y el mundo, ora por Jerusalén. Ora por la valentía de aquellos que están siendo perseguidos por sus creencias. Ora por un avivamiento. Ora.

SÉ VALIENTE: *Añade Jerusalén a tu lista de oraciones. Ora por la paz de Jerusalén.*

VALENTÍA
SUFICIENTE

Las decisiones valientes siempre tienen un efecto dominó.

>>> ———————

JESÚS FUE VALIENTE

Si el mundo los aborrece, tengan presente que antes que a
ustedes, me aborreció a mí.

—JUAN 15.18

Como tengo treinta y tantos años, Jesús y yo hemos vivido en la tierra más o menos el mismo tiempo. Es increíble pensarlo. Los dos hemos vivido la década de los veinte, Él sin errores y sin arrepentirse de nada, y yo con tantos que los podríamos compartir. Algo sobre Jesús siendo humano es muy real cuando tienes la misma edad que Él.

Cuando *solo* piensas en Jesús como divino, pierdes un poco el hecho de que Jesús es humano. Así que cuando mi mente y mi corazón empezaron a meditar un poco en las dos naturalezas, todo cambió.

Me di cuenta de cuán valiente fue Jesús. Dejó un trabajo estable. Dejó una vida respetable para convertirse en un hombre sin hogar y andar por Israel durante tres años hablando acerca del reino de Dios.

No puedo imaginarme a mis amigos negándome como Pedro lo hizo con Jesús. No puedo imaginarme a los líderes de la iglesia odiándome de la manera que odiaron a Jesús. No puedo imaginarme siendo valiente en todas las maneras en las que Él lo fue. No puedo imaginarme no conocerlo a Él. Estoy feliz de poder hacerlo. Algo cambió cuando me acercaba a su edad. Empecé a conocerlo de una manera diferente. Lo vi como uno de mis amigos, como uno de los chavales con los que estoy todo el tiempo. No es un adulto haciendo cosas de adulto; tiene mi edad.

Recordar que Jesús hizo cosas realmente valientes aquí, en el punto donde me encuentro, aviva el fuego del valor en mí. Soltero, como yo. Humano, como yo. Sin pecado, no como yo, pero tentado como yo. Y apostó por mí.

Les pidió a sus discípulos que hicieran lo mismo. Que lo dejaran todo para seguirlo a Él, y nos pide a nosotras que hagamos lo mismo. Que lo sigamos.

> *El mundo odió a Jesús, pero Él fue lo suficientemente valiente para dar su vida por él de todas formas.*

Que vivamos nuestras vidas valientemente, al igual que Él lo hizo, dándolo todo por un mundo herido y hostil. El mundo odió a Jesús, pero Él fue lo suficientemente valiente para dar su vida por él de todas formas. Qué amor.

La verdad de quién es Jesús y lo que hizo en la tierra (el Hijo de Dios que bajó a la tierra para llevar nuestros pecados) es la cosa más valiente que este planeta jamás haya visto.

SÉ VALIENTE: *Dale gracias a Jesús por el valor que mostró en todas las historias bíblicas que has leído sobre Él.*

Día noventa y siete

>>>

JESÚS ES VALIENTE

Luego vi el cielo abierto, y apareció un caballo blanco. Su jinete se llama Fiel y Verdadero. Con justicia dicta sentencia y hace la guerra.

—APOCALIPSIS 19.11

¿*A*cabas de leer este versículo? Aún no ha pasado. Te acabas de dar cuenta de eso, ¿verdad? Jesús volverá, no como el bebé en el humilde pesebre, sino como el poderoso Rey de reyes y Señor de señores.

El bebé Jesús fue valiente, pero el bebé Jesús tenía la misión de salvarnos de nuestros pecados. Ese buen trabajo ya lo ha completado. Ya ha muerto y ha resucitado.

Jesús sigue vivo y sigue obrando a nuestro favor hoy. Aún es el humilde Rey que vino a la tierra, pero su misión será diferente cuando regrese. Volverá y juzgará el pecado de una vez por todas y destruirá al enemigo que ha hecho que este mundo sea un lugar tan quebrantado y doloroso.

Mira, Jesús no solo fue valiente en tiempo pasado. Jesús es valiente hoy.

Jesús sabe que yo soy un desastre, y por eso, dio su vida. Estoy muy agradecida por esa salvación. Pero una y otra vez le pido a Jesús que me perdone y me rescate, y Él siempre provee. Nunca comprarías un auto al que se le pinchara la rueda cada vez que lo fueras a probar, y dejarías de comer en restaurantes que continuamente se equivocan en tu pedido. Y sin embargo, Jesús hace eso por mí. Yo tengo una rueda pinchada, me equivoco en su pedido, y peco, y todo lo de en medio. Él toma riesgos por mí, y se arriesga conmigo.

Juan 3.16 lo dice todo. Dios te ama tanto que entregó a su propio Hijo para que tu pecado no te pudiera separar de Él eternamente. Dios es santo y nosotras somos pecadoras. Pero Jesús creó un puente sobre ese vacío; su muerte y resurrección despejaron el camino.

> *Aún es el humilde Rey que vino a la tierra, pero su misión será diferente cuando regrese.*

Su resurrección demostró que Él es Dios, ¡que Él tiene el poder de vencer la muerte y que su perdón de pecados es real!

Él te ama y te conoce profundamente, y está haciendo el duro trabajo de perdonarte una y otra, y otra, y otra vez. Jesús *es* valiente, y te hizo valiente a ti también.

SÉ VALIENTE: *Dale las gracias a Jesús por arriesgarse contigo una y otra vez. Agradécele que la tumba no le sujetó y que es un Rey resucitado y vivo.*

Día noventa y ocho

FUISTE CREADA PARA SER VALIENTE

Además, David le dijo a su hijo Salomón: ¡Sé fuerte y valiente, y pon manos a la obra! No tengas miedo ni te desanimes, porque Dios el Señor, mi Dios, estará contigo. No te dejará ni te abandonará hasta que hayas terminado toda la obra del templo del Señor.

—1 Crónicas 28.20

Qué buena charla de padre a hijo vemos en 1 Crónicas 28. La verdad siendo transmitida de padre a hijo.

Eso es lo que la Biblia nos hace a nosotros, ¿sabes? Leemos la Biblia y es exactamente como cuando nuestro papá nos habla. Y nos está diciendo exactamente lo que le dijo David a Salomón.

¡Eh, tú! ¡Eh, hija! ¡Sé fuerte! Ten valentía. ¿Por qué? Porque estoy contigo.

Está contigo, amiga. ¿Lo ves ahora? Estás a dos días de terminar *Valentía en solo 100 días*. Dos.

¿Ves lo valiente que te ha hecho Dios? Jesús fue valiente de la cabeza hasta los pies. Jesús es valiente. Y lo vemos dándonos ejemplo, desde la manera en que Él vivió su vida en la tierra hasta la manera en que nos ama hoy.

No hay ningún área de tu vida que no se pueda tocar y mejorar con valentía. Cuando vuelves la mirada atrás al tiempo que has invertido en este libro y en la Palabra de Dios, ¿ves eso?

La valentía no es solo para poderosos guerreros. Es para ti, porque estás transformándote en una persona valiente. Es para tu relación con Dios. Es para tus sueños, tu llamado y tu trabajo. Es para tus relaciones con tus congéneres.

Puedes ser valiente durante todos los cambios de tu vida. Puedes ser valiente en medio de tu dolor. Puedes ser valiente con tu salud. Valiente con tu dinero. ¡Valiente dondequiera que estés!

> *La valentía no es solo para poderosos guerreros. Es para ti, porque estás transformándote en una persona valiente.*

Tu Dios no te abandonará ni te dejará. Y porque sabes eso, eres valiente.

SÉ VALIENTE: *¿Cuál es el cambio más grande que has visto en tu vida durante los últimos meses?*

Día noventa y nueve

>>>>————➤

TÚ ERES VALIENTE

¡Vengan y vean las proezas de Dios, sus obras portentosas en nuestro favor!

—Salmos 66.5

¿Recuerdas el Día 3 de este libro? Probablemente no. Hace bastante tiempo de eso. ¡Mira cuánto tiempo has sido valiente conmigo! Vaya.

En el Día 3 te conté sobre mi mudanza a Nashville y qué poco valiente me sentía al dar pasos valientes.

Ya te lo dije: nunca me *sentí* valiente. Nunca he tenido un momento de valentía extrema o certeza de saber que esa decisión iba a ser la mejor que jamás había tomado. Simplemente seguí haciendo lo siguiente que Dios tenía para mí.

Cuando empezaste este viaje de 100 días, apuesto a que te estabas retando a ti misma, dando pasos de valentía, y al mismo tiempo te sentías aterrada. Pero echa una mirada atrás, amiga. Hojea las páginas de este libro y observa cuán valiente eres.

Siempre has sido valiente. Yo lo sabía. Pero quizá no te hayas sentido valiente.

¿Lo ves ahora? ¿Eres capaz de ver que eres más valiente de lo que creías?

Has vivido algunos de tus sueños. Has hecho el duro trabajo de amar a otros sacrificialmente.

Incluso has escogido añadir más verdura a tu vida. Estoy orgullosa de ti por eso. Hoy eres más valiente de lo que creías que eras cuando por primera vez abriste este libro.

Estoy muy orgullosa de ti.

Quiero que te tomes el día de hoy para meditar en lo que Dios ha hecho. Reflexiona en los increíbles milagros que ha llevado a cabo para ti, y en ti, y en las personas que te rodean.

Tus decisiones valientes tienen un efecto dominó. Las personas valientes inspiran a quienes les rodean a ser valientes.

Y te conoces a ti misma, al igual que yo me conozco a mí misma. Toda la gloria por la valentía que exhibimos va directamente para Jesús. Él es el valiente.

Siempre has sido valiente. Yo lo sabía. Pero quizá no te hayas sentido valiente.

Él nos hizo. Él creó y ejemplarizó la valentía. Y aquí estamos, al final de nuestro viaje pero al comienzo de una nueva manera de pensar.

Eres más valiente de lo que crees.

SÉ VALIENTE: *Agarra el rotulador de pizarra blanca que tienes en el baño ahora mismo y escribe esto en el espejo: «Soy más valiente de lo que creo. Y hoy lo voy a demostrar».*

Día cien

>>> ———➤

SEAMOS TODAS VALIENTES

Porque el Señor tu Dios está en medio de ti como guerrero victorioso. Se deleitará en ti con gozo, te renovará con su amor, se alegrará por ti con cantos.

—Sofonías 3.17

Si me sigues en redes sociales o has pasado a mi lado en alguna tienda de manualidades, seguro que sabes cuánto me gusta la purpurina y las cosas que brillan, especialmente los lanzadores de confeti.

Me encantan porque son alegres, bonitos, festivos y asombrosos, pero también porque me recuerdan por qué ser valiente es tan importante para mí. Y este es el porqué: porque mi valentía afecta a otras personas de la misma manera en la que estar a tu lado con un lanzador de confeti hará tu vida diferente: mejor y más increíble.

Tu valentía afecta a otras personas, y es igual que ese lanzador de confeti. Cuando tiras del hilo con valentía y celebras con brillantina, otras personas también sentirán que pueden tirar brillantina por todos lados.

Te verán y dirán: «¡Yo quiero hacer eso!».

Tomar decisiones valientes en tu vida va a cambiar el mundo. Como mínimo cambiará *tu* mundo. Pero no me atrevo a limitar lo que vas a hacer en este planeta, amiga. Tu vida es la recompensa de Jesús por su sufrimiento; tus síes valientes, tus noes valientes, aferrarte, soltarte, ir, quedarte, todo.

Espero que ya lo hayas hecho. Espero que ya hayas dado ese primer paso porque estoy segura, como nunca antes he estado segura de nada, de que tu gente está esperando y que Dios está observando expectante para ver hacia dónde te llevará tu mapa.

> *Tomar decisiones valientes en tu vida va a cambiar el mundo. Como mínimo cambiará tu mundo.*

Y hoy, para ti, pido paz.

Y gozo. Y esperanza. Y valentía: la profunda, profunda valentía que cambia tu manera de vivir.

Sujeta el mapa y la mano de tu Padre. Y seamos todas valientes.

SÉ VALIENTE: *Creo que probablemente necesitas ir a comprar un lanzador de confeti. ¡Tómate una foto disparándolo por los aires! Publica la foto en línea e incluye el hashtag #valentiaen100dias.*

Gracias

>>>>----

Primeramente a ti, mi amiga lectora, gracias por haber recorrido conmigo este camino de principio a fin. Significa más de lo que puedas imaginar. He pensado en ti cada día que escribía, editaba, planificaba y soñaba. Esto siempre ha sido para ti.

Escribir este libro, tomar preciosas partes y añadir nuevas palabras, ha necesitado muchas personas. Soy muy afortunada de poder trabajar con el equipo de HarperCollins Christian Publishing. Laura, Molly y Carly: son las mejores. Gracias, Scarlet Hiltibidal, por todas tus horas conmigo y con estas palabras. Dawn Hollomon, hiciste el duro trabajo de editar esto conmigo, y estaré eternamente agradecida por todas las razones por las que el libro es el mejor gracias a ti. Tim, Hannah, Stefanie, Michael: gracias por ayudar a este libro a llegar a las manos de muchos de mis amigos. Desde el diseño de la portada (Adam, eres mi héroe) a la disposición de las palabras, a las oraciones hechas; estoy muy agradecida porque no tengo que hacer esto yo sola.

Gracias a Lisa Jackson por hacer que todo vaya tan suavemente, y a Katie, Eliza y April (¡y Haile!) por encargarse de Downs Books Inc. cuando estoy nadando entre palabras y páginas. A ellos y al resto de mi equipo (Brian, Heather, Becky, Brian, Emily, Kelli, Chad, Leigh, Shaun y Patrick): sin ustedes soy un barco que se hunde. Gracias por ser mis velas.

A mi familia y amigos, mi gente, a los que tienen que aguantar toda esta loca e inesperada vida (que es la mía), gracias por estar aquí.

A Jesús. Me salvaste una vez, pero me rescatas todo el tiempo. Cada vez siento que te busco entre todas estas páginas, en mi historia y en mi vida, en los momentos cuando les pido a mis amigas lectoras que sean valientes, estoy agradecida porque siempre intervienes. Doy gracias porque no eres difícil de encontrar. Tú me haces valiente, y por ello te amaré por siempre.

brave brave brave brave brave brave brave bra
brave brave brave brave brave brave brave
brave brave brave brave brave brave brave bra
brave brave brave brave brave brave brave
brave brave brave brave brave brave brave bra
brave brave brave brave brave brave brave
brave brave brave brave brave brave brave bra
brave brave brave brave brave brave brave
brave brave brave brave brave brave brave bra
brave brave brave brave brave brave brave
brave brave brave brave brave brave brave bra
brave brave brave brave brave brave brave
brave brave brave brave brave brave brave bra
brave brave brave brave brave brave brave
brave brave brave brave brave brave brave bra
brave brave brave brave brave brave brave
brave brave brave brave brave brave brave bra
brave brave brave brave brave brave brave